作者手繪庭園示意圖②

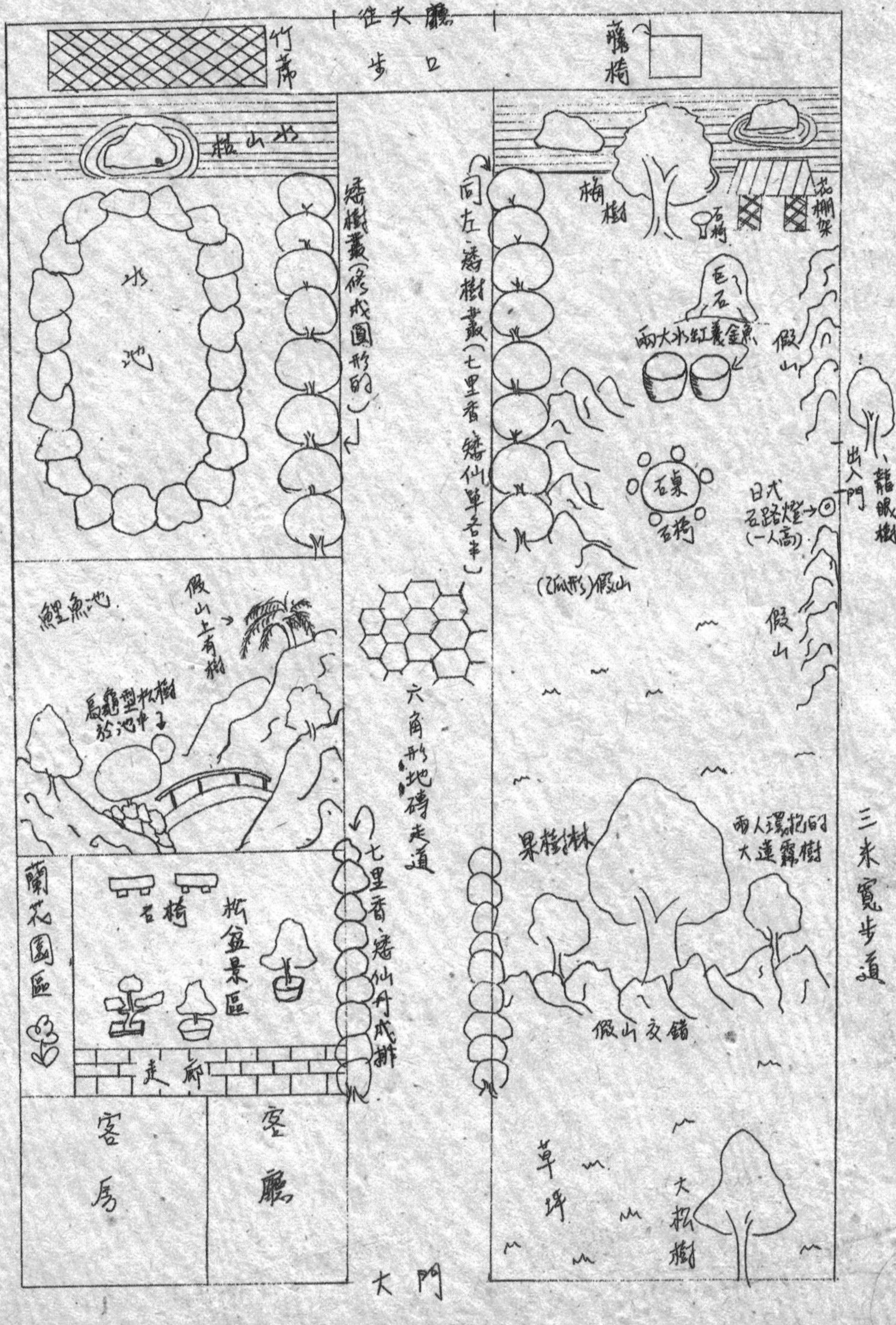
往大廳
竹篩
步口
籐椅
枯山水
水池
矮樹叢（修成圓形的）
同左，矮樹叢（七里香、矮仙丹各半）
楠樹
石椅
花棚架
巨石
兩大水缸養金魚
假山
石桌
石椅
日式石路燈（一人高）
出入門
龍眼樹
（弧形）假山
假山
鯉魚池
假山上有樹
烏龜型松樹於池中
六角形地磚走道
七里香、矮仙丹成排
果樹林
兩人環抱的大蓮霧樹
三米寬步道
蘭花園區
石椅
松盆景區
走廊
假山交錯
客房
客廳
草坪
大松樹
大門

府城大宅院

百坪綠意造景庭園示意圖

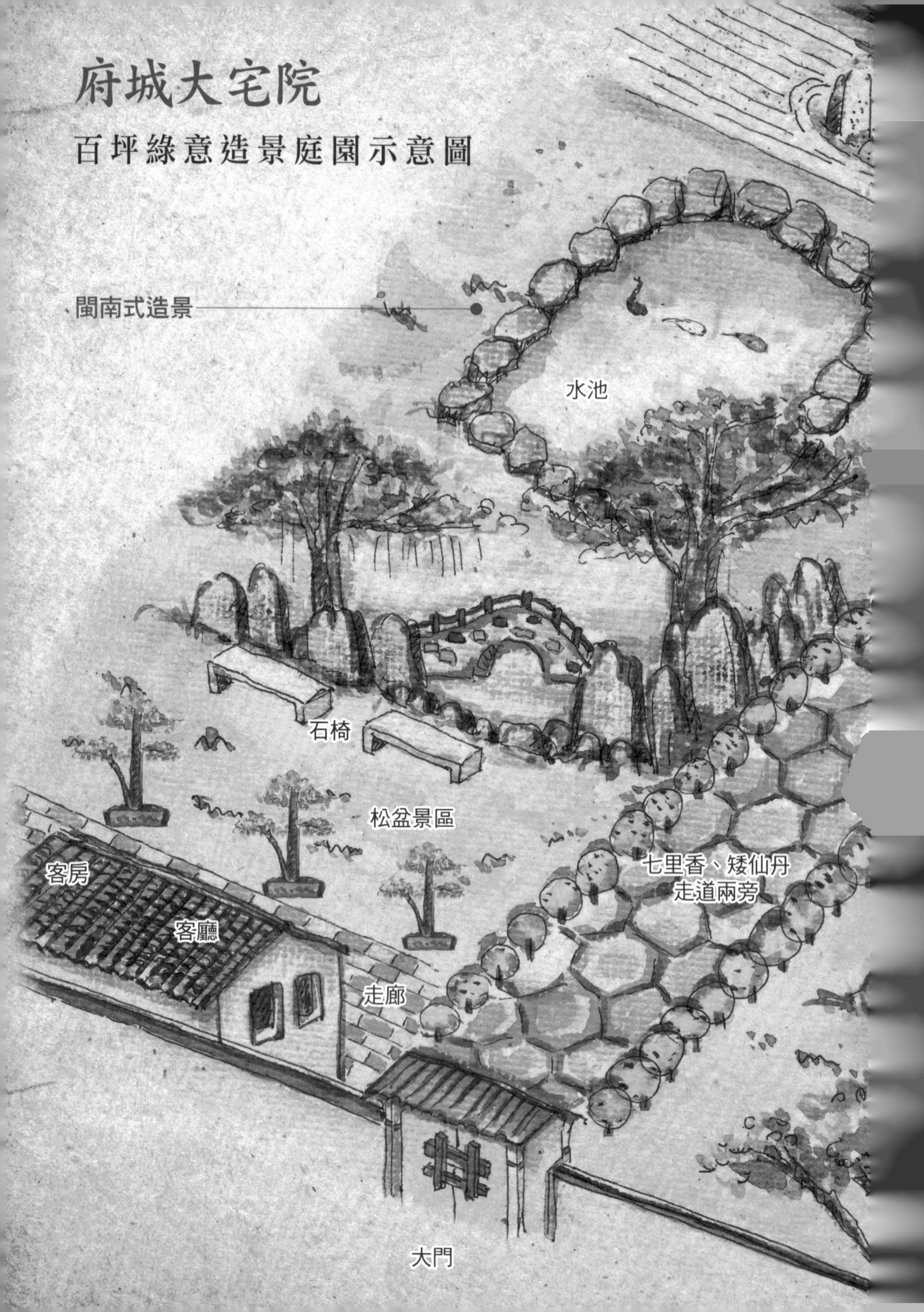

此圖依作者手繪庭園示意圖②模擬繪製而成。

府城大宅院

作者手繪建築物內部平面示意圖①

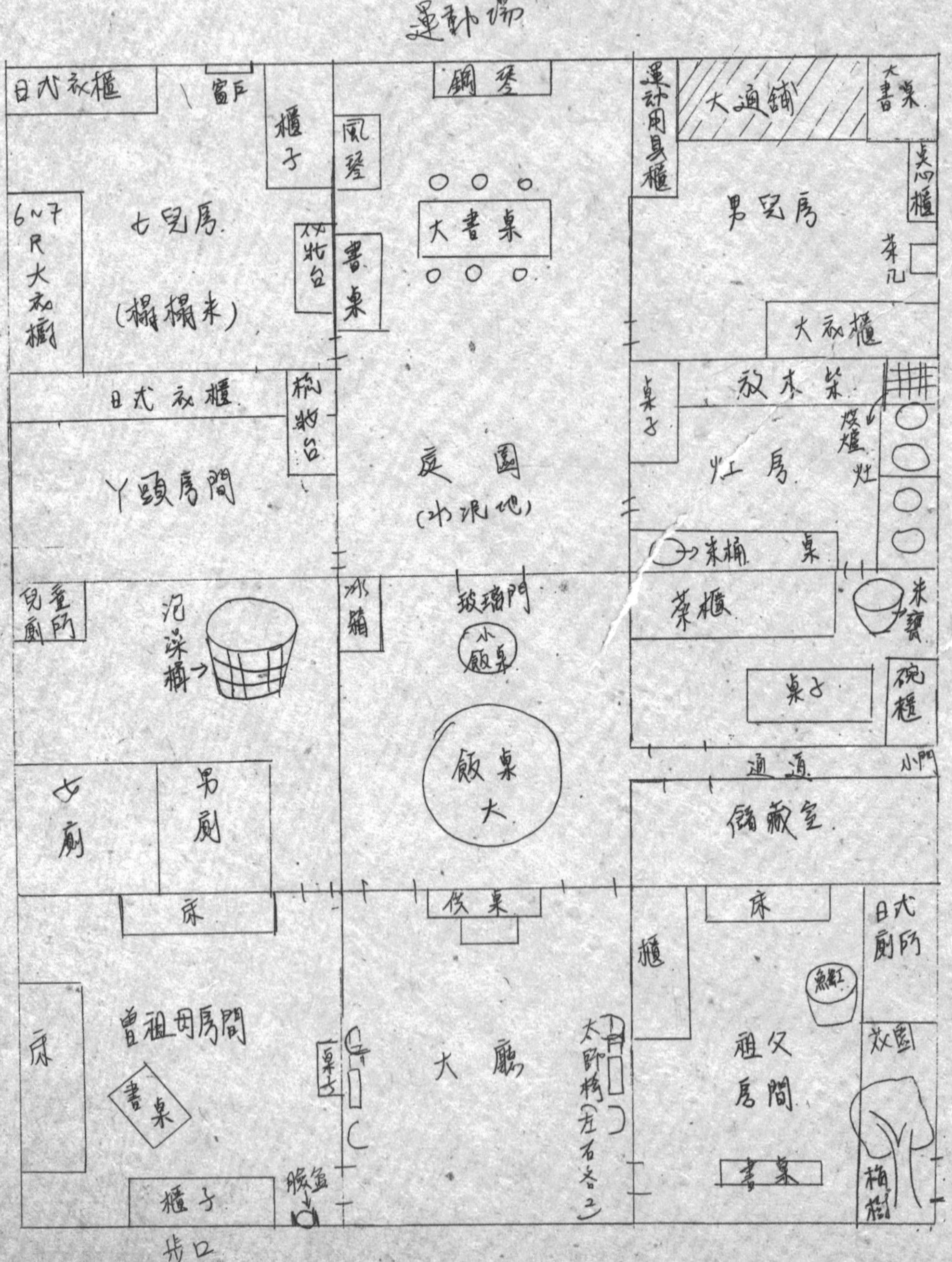

記憶中的家族食記

府城世家尋味之旅

黃婉玲——著　林偉民——攝影

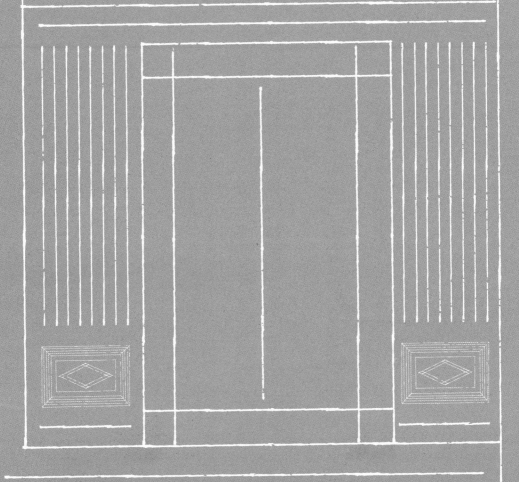

目錄

第三章

我的阿祖

第四章

別番老滋味

第五章

美味關係——這些人、這些故事、這些美味

作者序

珍惜心中那份美好的感覺

食物經過味蕾的傳導，會在大腦產生記憶，記憶會有不同層次，在品嚐當下產生的口感、所用的食材、做菜的時空背景、創造的過程，往往蘊藏著動人或一些不為人知的故事……

所以，我喜歡探討每道菜背後的故事與文化背景，我記得以前每當看到長輩吃到熟悉、許久未嚐到的菜餚之際，細細端詳著他們那種瞇著雙眼，幸福滿足的感覺，讓我感觸很深，看著他們的思緒穿越時空，我也很想跟著他們的回憶飛回從前。

我覺得用美食來談文化，不沉重，容易產生共鳴；用吃來談家族故事，有感覺，也能談出深度。

我住在府城台南，我講的故事正圍繞著這個文化古城，漫步在府城巷弄，放眼所及，除了古城牆是紅色的，很多傳統民宅是紅色的牆、紅色屋瓦，早年台南還有好多鳳凰樹，所以一到夏天，整個城市就紅通通的，成為名副其實的戀戀「紅城」，而我書中寫的這一段段的故事也是人世間「紅塵」的縮影。

小時候，我的三舅和姆婆一直扮演著奇妙的角色，三舅盡其所能的想讓我了解家族的故事，他對我的疼愛無人能及；而姆婆是位非常有智慧的女子，只可惜受到傳統桎梏，讓她只能謹遵傳統規矩過日，她一生最羨慕的是能真正做自己，所以她把自己做不到的期待放在我的身上。

姆婆在我年幼時不斷告訴我，「凡事多學著點，多記得些」，要我日後有機會將經驗與故事分享傳承下去。我曾聽姆婆說，她年輕時遇到困難會找我外曾祖母，我外曾祖母總會幫她解惑。而當姆婆年長時，家族成員有問題都會請教她，她總會適時伸出援手。外曾祖母、姆婆、三舅，三人都給了我最大的關愛，他們訓練我，告訴我很多故事，便是希望日後我能讓家族成員記住我們的來處與家族的故事。

但是為何會選中我成為傳誦者，我想是一份榮幸與緣分吧。

生長於南瀛第一世家，要說沒有壓力是騙人的，所以當我看到舅公劉吶鷗的日記時，隱約看見日記中另一份深深的蘊涵，他對外都只稱來自南國，便是因為這個家族帶給他的或許有榮耀，但卻有著更大無形的壓力。

面對時代的演進，劉家家族成員早已四散發展，大家越搬越遠，我這輩子也不會再有機會扮演外曾祖母和姆婆的角色，所以，我想把這些過往分享出來，因為我家族

上——回到古厝，不免有時空交錯之感。
下——劉家祖先於百餘年前所建的古厝，占地八百坪。

有過的故事，也可能是其他家族中發生過的，藉著娓娓訴說著我的故事，或許能讓你想起自己家族的過往點滴，我們生長在這塊土地，發生過那麼多的事情，不該因時代飛逝而被遺忘。

我母親的家族來得早，祖先與鄭成功同時踏上台灣這塊土地，我想著倘若不是當年祖先劉茂燕將軍在南京之役殉職，他的獨子劉球成得以來到台灣開枝散葉，發展出三百多年的家業，我相信先祖若有靈，或許也在靜靜觀看著各代子孫的發展與演變。

我曾經在夜深坐在台南武廟門口台階上，思考著是否該寫「紅城」系列的書與大家分享，那時我想的是外先祖將會如何看待這件事情？會覺得高興還是感嘆？幾經思考，我認為這或許是一件對的事，我想找回曾經被大家所遺忘的故事。

每當我穿梭在台南的小巷弄裡，常有時空交錯之感，那是一種很幸福的感覺，我很珍視它，所以這份美好的感覺我很想和大家分享，或許你也可以去找回那一段被你遺忘的家族故事。

祖德流芳
劉氏列祖繪像
駿馬騎行各出疆
任從隨地立綱常
年深外境猶吾境
日久他鄉即故鄉
早晚勿忘親命語
晨昏須顧祖爐香
蒼天佑我卯金氏
二七男兒共熾昌
天下第一家
百歲堂
劉

第一章

南瀛第一世家

我母親的祖先來自台南柳營劉家，
這個家族在清領與日領時期，
世代耕讀，禮義傳家，
為地方上盛負名望的仕紳家族。
本家大宅是位於台南柳營士林村，
鼎盛時期，劉家擁有良田數百甲，
加上清朝時科試出身、文風傳承，
家族又極重教育，後代名人盡出，
在當代被奉為南瀛第一世家，
實至名歸。

1 柳營劉家

阿祖從小聰慧，精讀四書五經，十六歲左右嫁到柳營劉家，是門當戶對的婚姻，這段婚姻為眾人祝福，畢竟柳營劉家在南瀛大有名氣。

我母親的柳營劉家家族，在一、兩百年前的通婚對象常是嘉義人，我的外曾祖母（阿祖）羅氏，出身嘉義書香家族，也是富商，外曾祖母是家中的獨生女，更是宗族同輩中唯一的女孩，她的叔伯全部都生男丁，沒有人生出女兒，雖然台灣早年重男輕女觀念很重，但在整個家族沒生女娃的情形下，阿祖的出生自然備受寵愛。

阿祖從小聰慧，精讀四書五經，十六歲左右嫁到柳營劉家，算是門當戶對。這段婚姻為眾人祝福，畢竟柳營劉家在南瀛很有名氣（曾有人問我為何講南瀛，用「瀛」這個字來稱呼台灣的書籍，是《史記》〈秦始皇本記〉中提到的「瀛州」，當時瀛州的範圍指的是日

上——人字型紅磚步道直通大廳。
下——重新維修的大門，已不復見昔日風貌。

本、台灣這些海上小島，所以日本稱為「東瀛」，而後因為台南縣是先民最早登陸落腳之處，地理位置又位於全島之南，因此雅稱為「南瀛」）。

柳營劉家在台灣的開基祖是劉球成，其父劉茂燕為鄭成功的參軍，跟隨鄭成功反清復明，順治十六年（一六五九年）在南京之役中陣亡。後來鄭成功渡海來台，帶著陣亡將士遺留的孤兒寡母同行，劉球成及母親蔡氏跟著遷來台灣，初居台南府城隍廟前。後來鄭成功過世，劉球成自認為不能再要求官府照顧，帶著母親往麻豆方向尋覓落腳處，先在麻豆一大戶人家當長工，賣力工作娶妻生子。有一天主人好意跟他說，像他這麼勤勞奮勉，當長工太可惜，不可能闖出大事業，不如到外面闖一闖，建議他前往查畝營（現今柳營）開墾。

所以劉球成帶著妻子、母親蔡氏和兒子到查畝營開墾定居，開展了劉家三百多年的繁盛。

查畝營開墾有成

劉球成到查畝營幾年，開闢良田數十甲，已富甲一方，墾地之餘，他也非常重視子孫的教育，到兒子劉旭，因屢次協助官府平定鄉土，治匪有功，獲官府器重，誥授

「宜威將軍」。

到了第五世祖劉全，擅於經商，處事圓融，能力之強在劉家前所未有，更由於他高瞻遠矚，看準台灣的糖業將大有前途，遂拿出所有家產購買土地，並命令佃戶全部改種甘蔗，開展製糖事業，並在南台灣各地建造數座糖廠，更在府城開了四間糖行，店號取為「得昌號」，所生產的糖除了賣到台灣，也銷往大陸。

劉全除了會做生意，也是位名醫，因為自己已賺了很多錢，所以為鄉親治病全部免費。有一年，北部三貂嶺的梁姓友人身染重病，派家丁到柳營求助，劉全馬上要家丁和轎夫啟程北上，那時交通不便，他雖連夜趕路，抵達三貂嶺時，梁姓友人已奄奄一息，所幸在劉全把脈開藥治療數日後，終見起色。看友人逐漸恢復，劉全開出藥方，再指揮家丁和轎夫一起回鄉。

不料途經竹山時，遇到一群土匪，被打劫的劉全只好在竹山附近找客棧休息，這時有位蕭姓好漢知道這件事前來拜訪，才知道他就是三貂嶺梁姓友人的遠親，蕭先生請劉全在竹山先暫住十日，一星期之後就將這群搶劫的土匪帶到劉全面前叩頭認錯。

為了報答劉全專程北上醫治親戚，竹山的蕭先生要劉全交代子孫，從此出門時，在轎子左前方掛著一盞紅燈，上面寫著「劉府」當記號，此後劉家人出遠門，都依此建議在轎子掛上寫有「劉府」的紅燈籠，果真都平安無事。

「大厝九包五、三落百二門」

劉全一生勤奮，為家族累積富裕財力。他過世後，六名兒子決定將現時劉家祖厝地上物改建為一棟規模宏觀的祭祀堂，以紀念父親一生奮鬥史蹟。建築規格參照大陸正規祭祀堂或廟宇造型模式，並配合後方兩甲多土地，建造二院落，共作三合院，而稱為「大厝九包五、三落百二門」的規模。這種傳統模式的建築，通常有九開間，門廳五間，前後共三進，門窗共有一百二十個。

由於主要建材以大陸木材、黑石、紅瓦、紅地磚為主體，運送耗時，因此在他過世五年後才完成。大宅院建好後，曾經風光一時，現在古厝卻已不見當年光景。

原來這棟古厝在道光年間，曾因有人向皇帝參奏，而大大改造過。起因為參奏者讒言台灣劉府祖厝造型規制逾矩，道光皇帝聽聞非常生氣，命令欽差楊貴杉到台灣查明。幸好當時已高中武舉人的七世祖劉拔元，獲結拜兄弟謝姓武舉人緊急雇船到台灣走告，建議盡速修改祖厝造型，整個家族趕緊命令家丁動手改造，將祠堂屋角上的雙龍踏頂拆下，大廳中的雙龍柱也換掉，將大廳改成祭祀堂，並將家中神主請到堂上祭拜，變成祠堂。

因年久失修，丹青剝落，於民國八十年間，大肆整修並重新彩漆，為今現貌。

幸運的是，當欽差大人要從福建上船到台灣查案時，適遇颱風過境，行程因此延後十多天，讓劉家古厝得以順利改裝完成。當欽差大人來到劉家時，劉家開中門將他迎至大廳，欽差一看大廳排滿神主位，只是座祭祀堂，劉家造反一案才被撤銷。

武舉人的悲劇

七世祖劉拔元是位武舉人，手握有一把百斤重的大刀，坐在馬背上威風凜凜，因協助官方平反諸羅山盜匪，獲道光皇帝賜封「武官下馬、文官下轎」碑，當年碑文一到，猶如皇帝親臨劉家，文武官吏都到劉家祝賀，風光一時，距離遭「造反」讒言也只不過一年的時間。

劉拔元娶太子太保王得祿的妹妹品娘為妻，可惜這段婚姻不算美滿，因在武舉人慶祝受封碑文宴客時，品娘要婢女請武舉人回房，武舉人以賓客正多，無法回房陪品娘，要婢女傳話，未料婢女沒將話傳好，導致品娘以為武舉人不將她看在眼裡而傷心哭泣。

正巧這天王得祿也到府賀喜，並轉往宅院內探望妹妹，看到妹妹獨自飲泣，又聽妹妹抱怨一番，不由分說就衝到宴客大廳，向武舉人興師問罪。在熱鬧的大廳中，王得祿大罵「小小武舉人就目中無人，竟然不把本太子太保放在眼中」，武舉人被這一鬧怒火攻心，當場吐血昏倒。

這時王得祿才自覺失態，急忙釐清事情，得知是婢女傳錯話，王得祿親自將婢女逐出家門，只可惜武舉人一再吐血，不久就離世。在離世之前，最後一句遺言竟說出一句：「從此劉、王不得聯婚。」武舉人過世後，品娘自認因一時的情緒造成悲劇，愧對劉家，上樑自盡。

我小時候也聽過「劉、王不通婚」這件事，但就如姆婆常說的，那是古時候的規矩，現代人可不需要再守限制。我阿祖也說過「冤家宜解不宜結」，不見得每個人都要守著老祖先的舊包袱。

2 劉家古厝

劉家古厝為百年老宅，位於台南縣柳營鄉，是我們劉家祖先於百餘年前所建，占地有八百多坪，建材和工匠都是由大陸船運而來。始建於清同治九年（西元一八七〇），原本是屬「大厝九包五，三落百二門」的格局建築。

我的舅舅們曾在劉家古厝祠堂大廳，看過這把武舉人祖先所用的大刀，這把大刀重得要兩名家丁才搬得動，可是有一天晚上，這把重達百斤的大刀竟然不翼而飛，不知是有心人收藏或被當成破銅爛鐵鑄掉了。

我小時候曾跟隨姆婆到柳營古厝，印象中，五十年前的古厝和現在還保留的古厝大為不同，那時古厝祠堂後方還有很多房子，住有很多戶人家，不像現在祠堂後面的房屋多人去樓空。很多老房子也被拆除，祠堂後面還被開出一條無尾巷的大馬路，少了人氣，顯得特別寧靜。

上——祠堂後面被莫名地開出一條無巷尾的大馬路。
下——房屋荒廢，多人去樓空。

古厝繁華落盡

其實古厝這些年的改變很大，記得小時候我和姆婆到古厝時，祠堂內的東西還很多，兩邊客房都有紅眠床等骨董家具擺設。姆婆還帶我到祠堂右後方屬於她繼承的宅院住過一晚。最近我每次回到宅院，就發現裡面的擺設一件件地消失不見。二十年前進大門右方的客房東西被搬空，七、八年前我回去，看到右邊的紅眠床也不翼而飛，族人說這些失竊的情形還不只於此，有一個重達三、四百斤的骨董石製盆栽，也在一夜之間消失。

十年來我多次回古厝，看遍古厝繁華已盡，人去樓空，令人不勝唏噓。有次我和家人過年時到古厝，發現古厝一片冷清，大過年的只有我和先生、小孩在祠堂的供桌上不斷的擦拭乾淨，偶有遊客推門進來參觀，卻不見他們帶著誠意，在古厝亂丟垃圾，打開每個廂房的門參觀，出來了卻不見關門就離開。

那年的過年，我就在遊客參觀後不斷的為他們關上房門。最後也覺得累了，就走到列祖列宗的神位前，稟報今天是大年初一，雖然不見子孫們回來，但我也算是有血緣的外孫女，遊客雖然不認識，也不懂規矩，但有人來了總是好吧，才不會如此死寂，就當作這群遊客是不懂規矩的親友，就任他們隨意走動，添添人氣也不錯！

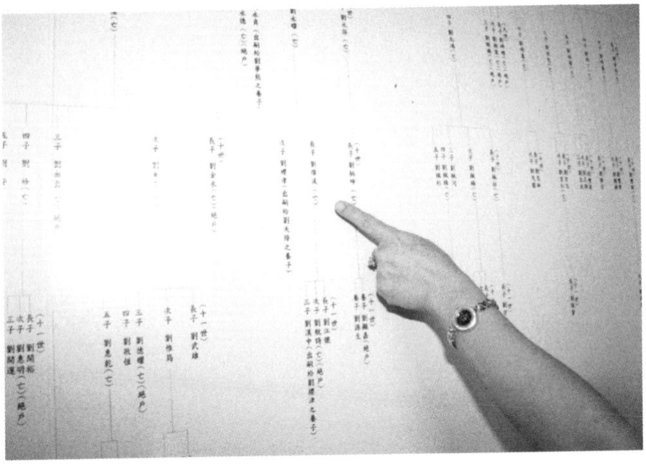

上——宗祠內的族譜，從柳營劉氏第一代祖先開始，現在已經來到第十三代了。
下——供奉列祖列宗神位的祠堂。

劉家由於五世祖劉全的致富，及從劉球成開始都熱心公益，對地方有貢獻，對佃農多有照顧，到大房劉拔元在清道光甲午年（西元一八三四）中武舉人，西元一八三六年獲賜「武官下馬、文官下轎」碑；二房第七世祖劉達元在清咸豐壬子年（西元一八五二年）中文舉人，劉家如此盛大的連續喜事，在地方是一大光彩，自此鄉民稱呼劉家人時，都在名諱後面加個「舍」字，以為尊稱，如我的外公劉炳文就被稱為「炳文舍」。

科試出身，文風流傳

現在看到的劉家古厝，第一落前面是廣大的前庭，當年因大房第七世劉拔元中武舉人，二房第七世劉達元中文舉人，一門出了文、武舉人，在地方上算是一大盛事，官府賞銀並在祠堂前庭兩旁各豎立一支旗桿，贈送「文魁」匾額懸掛門楣上。兩支旗桿各有旗桿座，又稱為旗桿台，是用來穩定旗桿的基台，旗桿座上各豎立一根高達二十來公尺的大旗桿，其中一根旗桿被雷打斷，已經不見了，只留下一個石台。但這幾年，連石台也不見了。據說，當年旗桿被打斷時，有人看到一尾被燒焦的大蟒蛇，認為對後代子孫並非好彩頭。另一根旗桿雖經風化剝裂，至今卻仍很堅固，中埕鋪有人字磚，象徵著希望子孫人丁旺盛。

上——「文魁」的匾額，是七世祖劉達元的文舉人所擁有。
下——「武魁」的匾額，是七世祖劉拔元武舉人所有。

雕樑畫棟，極盡華麗

兩側的山牆上，分別有「老虎啣八卦」、「獅啣劍」等泥塑懸魚。老虎整隻趴在山牆上，「懸魚」是因為圖形原以魚形為主，所以叫做「懸魚」。喜用魚型的原因，是因為房子怕火，而魚為水中之物，象徵水，可剋火。後來的懸魚不再只是魚的樣式，各式各樣的懸魚兼具「年年有餘」的吉祥之意及裝飾效用。

屋頂的角落有個「垂花」，在古時的傳統建築屋簷下，會有一種垂吊在半空中的短柱，柱子底部常會雕成花籃或繡球的款式做為裝飾，有些人叫它「吊筒」，因為雕有花朵般或花籃，又有人稱為「垂花」。垂花位置有個豎材，雕有仙女或仙人或猛虎圖騰，做為垂花外緣的木雕板，功用是為遮飾垂花裡的榫眼接縫。一般民宅是用磚頭做房子的變化，劉家古厝則可以看到大量使用這些雕飾。

第一落有三間，起硬的屋頂，建築的中間有兩層門，門上有手工精緻的雕刻，極為繁華，門楣上雕有花鳥龍形等木雕（門楣上指的是門框上橫木的雕花）。後廊的柱珠（柱珠是個類似矮凳子的台座，主要功能在隔絕木柱和地面的接觸，防止木柱腳因受潮濕而腐爛，在舊建築的木雕材料比較常見。像劉家的柱珠下方連接著磉石，可以承受柱子下壓的力量，在這建築裡採用的是圓鼓形的，外表上下略窄，中間突出如鼓狀，這

舉人柱。劉家於清朝道光、咸豐年間，出一武一文舉人，官方賜文銀六兩豎立。舉人杆由福州而來，左邊一支被雷擊倒，目前僅剩一支。

種形狀在清朝早期很流行，造型古拙，雕飾典雅，在柱子頂端的柱頂作淺浮雕的圖紋裝飾）雕有花草圖騰，步道的梁上則有瓜筒（瓜筒指的是梁上的一段短木，作用是承受梁的重量，劉家的建築是聘漳州師傅來興建，漳洲師傅習慣雕的金瓜筒，形狀較圓肥）。

第二落是祠堂，早年是供奉祖先的位置，最開始其實是家中的花廳，若非朝廷來調查，不會在上面擺這麼多神主牌當祠堂，所以在中埕地上四方有四個凹角，早年是用來搭戲棚用的，供主人和來賓在花廳用餐看戲。

第二落屬出步起硬山馬背抬梁式七間起結構，祠堂正門兩側全部用「格扇窗」取代牆壁，格心有櫺條窗式的，有透雕式的，橫披窗也頗為精緻。在梁坊下的面狀木雕，除了當作裝飾品外，最主要的功用是在「軟性」界定空間，就是讓空間有所區分，但又不全然分隔的意思。門額懸掛劉達元的「文魁」扁，祠堂內有對聯「德繩漢室願有箕裘承祖澤，昌發彭城且將耕讀振家風」、「劉府威光全百福、全響大漢納千祥」、「孝莫思勞轉眼便作人父母，善無望報回頭且看爾兒孫」，我最喜歡最後這幅對聯，它可是五世祖劉全所題。

第二落左右各有五個房間，屋高一樓半，有個小樓梯可到二樓，牆壁上有五個槍口，在當年是為防衛外敵使用的。清朝時期山賊出沒，劉家養了一批民兵保護家園，庭院就用來當練武場。第二落的宅後有幾塊磨刀石，當年的槍並不普遍，磨刀石是用

廳內楹柱各有對聯，辭意深入淺出，言簡意賅，發人深省。「孝莫思勞轉眼便作人父母，善無望回頭且看爾子孫」。

來磨戰刀用的。十年前這些石頭還擺在那兒，上面都有刀子磨損痕跡，五、六十年來劉家人早就搬到各地，古宅已空蕩無人居住，每次我回古宅就會發現有些舊東西被偷了，連石雕的大花盆都失蹤了，應該是連夜被使用起重機吊走吧。第一落和第二落形成四合院，兩側的伸手都是廂房，算來有二十幾個房間。

花廳道盡繁華事

劉家古厝最早的規模自現在的柳營警察分駐所開始其外圍，各房的住家分布其間，現在則是一進大門，最先映入眼簾的是個大埕，左右各有一根舉人桿，進大門後左右兩旁各一間通報處，早年光復前還維持此規定，來訪客人要先坐在那裡等候通報，再進入的庭院，是當年的花廳，後來則是當祠堂，地上有四個洞，有節慶要演戲時就搭起戲棚。

花廳左右兩邊各有三間廂房，在當年是各房會客的場所。挑高的樓層還各有樓梯可上去夾層，牆上還有槍孔，有盜匪來時家丁會爬上夾層拿槍防衛。我外公日據時代躲避空襲時，曾帶著一家人回來暫住過廂房。

櫺條窗式的格扇，頗為精緻。

身為阿舍之後

外人一直以為「阿舍」兩個字是用來揶揄有錢人的好吃懶做，卻不知道這是台灣早年的特殊文化，「舍」字不是可以自封的，而是社會上對你的肯定而給予的，也就是外界認為這個人仁德兼備，可以以我為主來做事，不致於因此而侵犯別人，是懂得自律的人，所以用「舍」字來尊敬對方的仁德兼備，沒有人會在自己名字掛個「舍」字，也沒有人自稱為「阿舍」，若自稱「舍」字反而顯得無禮狂妄。

但台灣光復後，這種稱呼的文化就消失了。我還記得小時候與三舅出門逛菜市場，有人背後指著三舅說，「阿舍家的後代也會來上菜市場，真的是家族落魄了。」沒想到這句話還是被三舅聽到，我記得三舅那時非常難過的告訴我，這個「舍」字早年曾經是光環，現在卻變成包袱！

三舅常常告訴我，不能因為高牆倒下，就融入平凡人家的生活，有時還是得保持原來的身段與姿態，「傲氣不能有，傲骨不能無。」所以他希望我們身為阿舍的後代子孫，必須勇敢的承擔這個包袱。

我記得小時候三舅有時候會叫我「阿玲舍」，我那時候不懂得原因典故。到我長大生子後，孩子三、四歲時，我帶孩子到台北找大姨，大姨竟然叫我的兒子為「翔舍」，她那時淡淡地說句話：「雖然時代變了，可是我對後代子孫還是會如此親暱稱呼，以示代代的傳承。」

當國民政府遷台並實施「三七五減租」，高牆就此倒下，我外公家失去很多財富。我記得前台南市長葉廷珪的兒子葉詩雄先生告訴過我，以他們那一代的人來看，國民政府來台之後，社會結構的改變，對他們是很痛苦的轉型，平常人家變得很容易接近他們，但他們對平常人家的生活方式卻不能認同，在融入整個社會過程中，充滿矛盾與艱辛。

他就曾問我，為什麼我和人溝通能夠沒有障礙，不像他們總會感覺格格不入，有跨不過的障礙？我必須說，小時候的家族教育，很多事情是家中的要求，也是長輩們對我的期許，但我一旦不在他們身邊，與別人在一起時，他們的要求是不存在的。記得小學時，我常常下課後和家中環境較差的同學回家，想去了解別人的生活方式。我從沒和家中人分享過這個祕密，但因為我從小意識到長輩家的世界並不代表整個社會，所以我必須獨自去了解外面不同的世界。

父親在我讀國小三年級時，知道我家附近有一戶人家的父親入獄、母親自殺，家中只有三姊妹及一位失明的阿嬤後，決定幫助這家人度過難關。除了負責他們的生活費，也交代家中佣人做完菜都要送一份過去，父親還要我跟她們姊妹做朋友。父親教導我，不能只去三舅家玩，也必須知道世界上另有一群人，生活方式是不同的。

這三姊妹每到下午就在運河旁等別人收拾曬好的蝦米後，撿拾掉到地上的蝦米，湊到一定數量後就拿走換錢，而我那段時間每天下午都忙著和她們去撿蝦米；所以我明白生活的方式，在包容與接受別人。

從高牆倒下之後，家中的佣人都回鄉種田，喜歡美食的三舅想在菜市場逛逛，找尋好材料做一些想吃的菜餚滿足自己，也努力想融入平凡人家的生活，卻頻遭外界取笑，讓他覺得尷尬無奈。

每次回古宅，總有不同的感觸。

3 百年前的世紀婚禮

一百多年前，南瀛第一世家的婚禮是什麼規模，其實很難想像。據一些長輩的描述，我阿祖的婚禮可謂盛況空前，她的嫁妝之多無人能比。據說當年阿祖的婚禮極為轟動，不僅有婢女、總鋪師陪嫁，大小嫁妝湊足百件，而且一件比一件精緻，令人咋舌。而嫁娶陣容之大，多年後仍為當地人所津津樂道。

劉氏家族共有六房，自古以來，以二房和五房感情特別融洽，當他們少了子祠便會彼此過繼孩子給對方，如此血脈不致分離，財產也不會外流。劉家有個不成文的規定，若生不出子嗣，就在宗族內尋求過繼子嗣，不會對外找尋。外曾祖父就是從二房過繼到五房，就此繼承五房龐大的產業。

「納吉」與「合八字」

當年劉家到嘉義羅氏阿祖家提親時，先取得阿祖的生辰八字，拿回劉家壓在祖先牌位香爐下，這個動作叫「納吉」。依那時的風俗，男方將女方的八字拿回家，放在案桌上，三天之內沒有任何異常的事發生，而有喜事發生，就是「吉兆」。

再將男女雙方生辰八字請命理師算過，認為男女雙方非常適合，這時劉家就準備鵝、豬肉、衣帛、簪飾及少數的錢，再準備一張寫好的聘書，到羅家談婚事。羅氏一家非常喜悅，認為是天作之合，羅家收下聘物、聘書，也準備帽子、衣服和文房用品，放在檻仔中做為答禮，讓劉家來提親的人抬回去。

阿祖是被公認的「天之嬌女」，她真的是含著金湯匙出生的孩子。從小就由父親聘老師教導熟讀四書五經，不但人長得美，才學又好。能夠讓劉家上門提親，羅氏父親認為太子太保王得祿將軍的妹妹嫁給劉家的武舉人劉拔元，對羅家而言將獨生女嫁到足可匹配的家庭，門第相當，又添一樁郎才女貌的好婚事。

小訂、大訂、完聘、插針

在古時候提親完還有小訂、大訂、完聘、插針，小訂時只會送來一對金戒指和少數訂金及檳榔、冰糖和酥餅（在閩南風俗裡有個很有趣的事，訂親時若沒有冰糖，在禮俗上是不行的，我還記得大哥結婚時因是盛暑，店家礙於冰糖容易溶化，通常不存貨，為了找冰糖，全家卯足了力在台南市到處搜尋，才找到半斤的冰糖，讓大哥順利娶親，換成現在這年頭，有沒有冰糖，大家可能就不在乎了）。小訂時男方為女方戴上戒指就完成儀式，可是當年這戒指可不是新郎來幫新娘戴的，而是請媒人將男方送的戒指帶到女方家送給新娘。

到了大訂，儀式略微隆重些，帶來的禮則有酥餅、戒指、文針、耳環、聘金、冬瓜糖、冰糖、米荖、鴛鴦糖股（又稱為雙環糖，早年訂婚可是不能沒有鴛鴦糖股，否則會被認為沒有禮數，甚至引起糾紛，這個禮俗直到近年才式微）、檳榔、半隻豬、鰱魚兩尾、酒、禮炮和壽金讓女方祭祖用，這些禮品都由男方親人和媒人送到女方家，而且禮品都是用榏仔帶來的。

阿祖曾說，在她那個時代，只有結婚當天新郎才會到女方家，但日據時代才改為新郎可以在訂婚時到女方家，我阿祖可是清朝人，所以她的訂婚仍採舊儀式。

大訂、小訂之後還要來個正式的訂婚，訂婚當天男方要帶著禮金、很多禮餅（這些禮餅是要讓女方分送給親友的）、檳榔各一盤（有人以為檳榔是原住民的東西，但早年大陸移民來台後通常會和原住民結婚，所以在台灣婚禮風俗上，檳榔和冰糖同樣重要），還會準備一捆紅線、紅綢。

女方收下這些禮後，會將禮品放在神案上祭拜，稟報祖先後，將這些喜餅分送給

嫁娶儀式甚為繁瑣。

親朋好友和街坊鄰居。這個儀式中，女方必須將每樣禮物都退還一點給男方，豬肉則割下腿部還給男方，還會準備一些禮物放在檻仔上帶回去。

完聘則是最重要的，就是前面的工作都做完之後的重要儀式，表示要給女方的聘金全送完了。完聘前幾天，新郎會到各廟宇拜拜，感謝神明，完聘前一天，男方家裡會張燈結彩，宰豬宰羊放在牲架上，豬羊口中含著橘子，尾巴繫著紅線，到子時燃香祭拜天公諸神，感謝保祐兒子長大可以結婚了，有錢人家在這天還會演大戲。

女方家也會在這天用檻仔帶來十二件禮品，如喜幃、喜燈、禮香、蠟燭、喜炮、戲綵（是女方給男方演大戲的一些禮金）、發盒、禮酒、桃盞、燻腿、鹿肉、燕窩，但男方可不能全收下這十二樣，只能收前面六樣而已，其他要退回。

完聘當天，男方家庭準備各種禮品，由媒人坐著轎子當前導，還聘有嗩吶樂隊，沿途敲鑼打鼓的一路到女方家納聘，古時候稱為「押檻」，這個隊伍前面有兩名男子抬著燈籠，燈籠上畫著劉家的姓氏，接著是由三個人抬的媒人大轎，後面是鎖吶樂隊，樂隊後面則是由兩人一前一後扛著檻仔。

以劉家的財力，檻仔最少要準備十二個，檻仔旁還要派五個人在旁邊護送，檻仔上面擺著禮金、禮餅、豬、羊、冬瓜、冰糖、龍眼乾、鴛鴦糖股、糖龜、糖雞、合婚糖、萬字糖、檳榔、活雞、活鴨、喜酒、蠟燭、連炮、禮香、荖花、大餅、古瓶酒、鮮魚、柿果、鮮花、新娘花、紅緞裙、白緞裙、竹節針、花針、紅貢、做鞋面的綢布、紅絲線、手環、耳環、耳墜、鳳髻、紅襖、贄儀、印著二姓合婚的大餅及喜餅(當時的大餅是一斤重的圓形大餅,那時的規矩至少要送二十四斤以上,喜餅則是每個一斤重四方形的喜餅,六塊為一盒,喜餅裡面包有豆沙、棗泥、白果、鳳梨)、聘金。

當完聘隊伍浩浩蕩蕩到達女方家,媒人下轎指揮將榼仔的禮物、聘金、禮餅搬入女方的大廳,這時親友、街坊鄰居都會來參觀。女方祭祖之後,會恭請準新娘坐在神案前,聘請一位福壽雙全的婦人,將花插在她頭上,此儀式稱為「插針」,儀式完成後,女方必須宴請送禮來的男方押榼仔的隊伍。

「全廳面」與「奩儀錄」

祭拜之後,整個女方家族開始著手讓新娘子風光的出嫁,昔日大戶人家的嫁妝叫「全廳面」,包括新娘房、大廳及廚房所有使用的物品,甚至連棺木都列入嫁妝內,我曾在阿祖的房間看到一本冊子,上面寫著「奩儀錄」,小時我不懂,阿祖卻將這本冊子交給姆婆,姆婆則在我二十歲時轉交給我,當時我忽然間非常想念阿祖,因為她在世時我還小,她竟會那麼有心的將這本冊子委託姆婆交給我當紀念品。

姆婆和阿祖一家人非常親密，姆婆的公婆是劉家二房，也是我外曾祖父的兄弟，當年五房沒有子嗣，我外曾祖父只好過繼給五房，姆婆是位進退得宜的女士，深得阿祖的寵愛和信賴，就如母親說的，小時候住在赤崁樓旁的宅院裡，姆婆是家中的常客，也只有她來時，下人根本不用擋，也不用通報，可以直接走進屋內。姆婆因為沒有子嗣，還向阿祖請求將顯嘉舅舅過繼給她，彼此關係非常親密。姆婆常從公婆口中聽到阿祖當年嫁進劉家的故事，而我小時候在姆婆的家中，睡前的床邊故事就是聽阿祖過去的生活點滴。

原來「奩儀錄」這本冊子，是記錄著當年阿祖的嫁妝，她的嫁妝家具、箱櫃、衣服、被褥、首飾、金銀銅錫的器皿，前後共有九十三件，當年她的嫁妝就是坊間所說的「全廳面」，我從小就從大人口中聽到，阿祖有一口用檜木製作，重達二百斤的棺木，是她的嫁妝，日後阿祖百年後會跟著陪葬。那時年幼不懂事，每次有人談這個話題，我會氣呼呼的向大人抗議「別亂說話嚇人了」，因為我無法想像阿祖和棺木的連結。

那時在書寫禮物時，品名、數字可都很注重要雙數，忌諱單數，如有單數的東西就要加個喜、全、家、金字眼，如芋頭就稱為喜芋、豬就稱為全豬、酒是老酒、雁子是家雁、金釧等吉祥句，而數字除了「鳳冠一品」外，餘均用全、成、雙、幾、滿字，如「袍套全福」、「朱靴成雙」、「壽帕雙幅」、「花綢幾端」等。

深具環保意識的木頭提籃。

大戶人家的嫁妝之所以會含棺木，意思是新娘不靠夫家財物的，所以連終老的一切都準備好了。據說當年阿祖的婚禮可真的是轟動地方，不僅陪嫁了婢女、總鋪師，大小嫁妝湊足百件，而且一件比一件精緻，令人咋舌。

榼嫁由一長列的人排成一長排，沿途浩浩蕩蕩一長列，極盡奢華，還有一本記錄嫁妝的「奩儀錄」，到夫家大廳時展開，將所有的榼嫁讓劉家人點收。所有的榼嫁從客廳擺到屋外仍不夠，還排到整個大宅院的外面，蜿蜒成一長排，如此風光的嫁入劉家，表示女方家的誠意與對這門親事的重視程度。

當年結婚只有富豪人家才會由新郎親自迎娶，阿祖出嫁時還是清朝而非日據時期，外曾祖父在迎娶當天必須先沐浴更衣，隨著父母親到祖先牌位前，行四拜和讀祝文，父母立於左右兩旁，新郎在中間跪下，由父親三度舉酒杯往外倒出，以告祖先，再斟一杯酒讓新郎喝下，父親開始告誡兒子迎親後對上要恭敬，對下要有恩惠，不可怠惰家事，兒子聽訓後喝下酒，四拜之後起立，乘轎迎親。

貴族豪門才有的「雙頂娶」

當時外曾祖父可是用「雙頂娶」儀式，因為一般人家通常是新郎在家等候，不用親自迎娶，因此只使用一頂新娘轎，俗稱「單頂娶」，隊伍中還有八音樂隊、儀仗及作陪的一群男子，姆婆說，阿祖當天可是鳳冠霞帔的出嫁。當年的風俗和現在相較，可真是有很大的差異。

當迎娶隊伍到女方家時，女方家會請男方吃「雞蛋茶」，所謂雞蛋茶就是將去殼的水煮蛋，放進冰糖煮好的湯水裡熬煮而成，通常新郎吃雞蛋茶時，大多只會喝幾口甜湯，再用筷子將雞蛋夾成兩半，這就看新郎的家教如何了，萬一雞蛋無法夾成兩半而滑開，就會出洋相了。

據說當年阿祖離開娘家到劉家的這段路程，必須「頭不可見日、腳不可著地」，以免觸犯天地神明或因此犯了沖煞，所以在上轎時是由哥哥揹她上轎的，當時轎子四面圍著紅緞繡花的幃簾，轎子的四個邊角掛著燈，在花轎後面掛一個畫有八卦和太極的米篩，花轎起動時由兩名福壽雙全的太太用紅紙捲成紙條，浸了油點燃後照著轎子，表示祈福之意。在那個時代，新娘轎是最大的，即使碰到縣府官吏也不必肅靜迴避。

結婚當天，劉家公館熱鬧得不得了，當花轎一進劉家，媒人在前引導著，一面灑著鉛粉，鉛粉在台語諧音有「緣分」之意，希望為她帶來好人緣，媒人一邊唸著「人未到，緣先到」，希望新嫁娘日後在男方家順順利利，得到疼惜。

上——珠寶首飾可是迎娶儀式中不可少的重要嫁妝。
下——在嫁娶禮俗中，每樣嫁妝各具意義。

此為俗稱的單頂轎。

4 陪嫁的總鋪師

當年阿祖的婚禮非常盛大，由於阿祖不只有嫁妝，還帶了婢女和總鋪師進入劉家，所以隔天新嫁娘要下廚作菜給公婆嚐，總鋪師早就將料理準備好了，阿祖只要進入廚房，由婢女攙扶著端菜出來孝敬公婆，為了討好公婆的歡心，新嫁娘拜見公婆的第一道菜可是花盡心思。

俗話說「食雞起家」、「食芋好頭路」，所以新嫁娘嫁進門的第一道宴席，雞和芋頭可是重要角色，芋頭代表祝福外曾祖父所有事業順利。

「滿福脆皮雞」代表圓滿

阿祖帶過來的這位總鋪師的手藝真的不簡單，先割斷雞脖子，留下五、六公分的寬口，用小刀慢慢將雞肉和皮分離，在翅膀、雞腿處切斷，只留下雞翅和腿部還留存骨、肉，再將身體部位先壓扁，再小心自頸部的切口將骨、肉、內臟抽出，這隻雞就會變成皮囊般皺皺的。

總鋪師接著將雞肉切丁，雞油另外

割取，放進炒鍋裡爆出油脂，再將紅蔥頭倒入爆香，接著放入蝦米、香菇、雞肉丁、芋頭丁、糯米一起爆炒，爆炒中再加些醬油提味，等這些材料涼了之後，從雞脖子切口灌入，再倒入一些雞湯，將雞脖子打個結，放到蒸籠裡面蒸。

蒸熟的雞可不是就這樣端上桌，還得放到滾燙的熱油鍋裡炸到雞皮非常酥脆，但不能炸到焦掉，這就考驗總鋪師的逼油功夫，炸過的雞撈起後，完全不油膩，擺盤之後端上桌，就是「滿福脆皮雞」。

「滿福脆皮雞」的酥脆雞皮裡包著滿滿的八寶糯米，充滿福氣。打開脆皮，裡面的米粒分明，晶瑩剔透，每口都能吃到香軟Q的糯米和香菇、芋頭、紅蔥頭和雞肉的香味。尤其是用雞油將切好的紅蔥頭慢火爆香的做法，更顯出特殊的清香味。由於未加五香粉之類的香料提味，只是用雞油爆炒紅蔥頭，因此爆炒的功力就成為這道菜的重點，如果紅蔥頭爆得不夠香，就做不出吸引人的糯米飯。而且在爆炒過程中，每樣食材都要用慢火爆香，所以吃起來的滋味特別香濃，每粒糯米都吸飽雞油、蝦米和紅蔥頭的香味，讓人難忘。

總鋪師的技術實在高超，我聽姆婆說過這道菜好幾次，也曾試著還原，但失敗率實在太高，主要是薄薄的雞皮很容易破，若水或糯米放多了，一不小心就會撐破，比例很難拿捏。畢竟每隻雞的大小不一，得靠老道的經驗才能掌握，最後還得炸過逼油，非相當的功力可是做不來的。

「紅棗蓮肚湯」祝福早生貴子

姆婆告訴我，這位總鋪師還有一道「紅棗蓮肚湯」，可是各房親友嫁女兒時摹仿的一道嫁妝菜。總鋪師的設計，是先將豬肚洗得非常乾淨，還特地用花生油洗過，將紅棗籽剔掉後，再塞入蓮子於其中，並將加工後的紅棗蓮子和一點糯米塞進豬肚裡，再灑一點冰糖。豬肚外面則放了好些蓮藕塊，加入清湯燉煮五、六個小時。

這一道「紅棗蓮肚湯」充滿早生貴子、多子多孫的含意，讓家裡人丁較少的公婆喜上眉梢。這道菜吃起來口味微甜，總鋪師事先將豬肚內部的肉刮掉一些，只剩薄薄的一層皮，又讓紅棗蓮子將整個豬肚撐得鼓鼓的，外表看來就是一副鼓鼓的豬肚，暗喻著新嫁娘很快就能挺著大肚子了。拿起湯匙一舀，肚皮應聲撐開，舀到碗裡嚐不到肉腥味，只有一股紅棗和蓮子的清甜，要說它為甜湯，卻是加在豬肚裡的，沒有半點肉的濁味。

上——家族中的熱門菜餚——糯米肚。
下——另一道博得滿堂采，外型討好又有趣的鳳眼。

姊妹菜「糯米肚」

另外一道「紅棗蓮肚湯」的「姊妹菜」，則是一道「糯米肚」，這道糯米肚在家族中也是常被傳頌的熱門菜餚之一，據說吃糯米肚可以治小孩夜尿。做法是先用老薑爆麻油，再將切丁的芋頭、蝦米、糯米放進去爆炒，灑下等級很高的胡椒粉爆炒、調味，再塞入豬肚裡面，將豬肚口縫緊，以免糯米外洩，再將豬肚放到鍋裡燉煮二、三小時，通常此時只會在外面的湯頭放一點四神等補品，但有些家庭不加四神，而改用紅棗、枸杞，吃其清淡，但我燕官阿嬤竟然在湯裡面加龍眼乾和米酒來燉補，她認為如此對小孩的膀胱比較有幫助。

「鳳眼」美不勝收

總鋪師另一盤「鳳眼」，也博得滿堂采，鳳眼是絞肉加荸薺、剁碎的珠蔥、魚漿等調成八寶漿，用手捏成每顆直徑約五公分、厚約三公分的小肉餅，上面再擺半顆鹹鴨蛋，鹹鴨蛋周邊則用剪成約半公分長如同眼睛外型的香菇來框住，最後放在蒸籠裡蒸約半小時。當這道菜端上桌，上面的蓋子掀起，只見一顆顆大眼睛和食客遙遙相望，外型討好又有趣，極盡視覺的享受。

冰糖蓮藕是絕配

我們吃的「冰糖蓮藕」，裡面塞的是糯米，當年阿祖剛當新嫁娘，總鋪師端出的「蓮藕」，可是大有來頭的作法，總鋪師先將蓮子加冰糖煮爛成泥，塞進蓮藕的洞裡，加冰糖、麥芽熬煮，熟後切片，再將濃稠的糖汁淋在上面，脆脆的蓮藕配上鬆軟的蓮子，真是最佳搭配。

「紅燒栗子鱉」獨門菜

還有一道「紅燒栗子鱉」，從菜名來看只有單純的鱉和栗子，可是厲害的總鋪師將鱉切塊，沾粉炸過，放到一旁，接著將事先蒸熟的栗子、煮熟的蓮子、去籽紅棗、上等檳榔芋，用紅燒方式和鱉一起處理，略微收汁，剩下的湯汁略勾薄芡端上桌。

「鹽醃肉」中秋獻藝

每到中秋之後，總鋪師一個人忙不過來，婢女還得幫忙，想辦法到各地豬攤買上十來隻「腳庫」，製作鹽醃肉送給各房嚐鮮。製作鹽醃肉要先將骨頭剔掉，再放到臉盆裡，加入大量的鹽和香料，雙手得不斷的搓揉這塊肉五十分鐘，讓它入味。說也奇怪，搓了五十分鐘之後，這塊肉竟像充滿了氣般鼓脹起來，而且脹得又薄又油亮，顏色也由原來的死白轉為紅潤，這時再用紗布蓋著，放在陰涼的竹櫃裡。

隔天再用薄布包著，用繩子捆著束緊，放在蒸籠裡用大火蒸，多餘的油在蒸的過程會被逼出流到鍋裡，所以鹽醃肉根本不油膩，食用時再切片就可端上桌。這鹽醃肉由於在製作過程中，整塊肉按摩夠久，外皮好Q，裡面的肥肉吃起來完全不油膩，口感上竟然還有脆的感覺，瘦肉的部分吃不出纖維感，只覺得這肉好滑好順。

說也奇怪，平常如何搓揉，肉不見得會鼓脹起來，可是一旦到了中秋之後，可能天氣的關係，就變得很容易搓揉，只用鹽搓個一小時就會鼓脹起來，鼓脹的鹽醃肉放在甕裡醃個兩天，鼓脹的肉也不會消下來。所以每到中秋，總鋪師就拿出大臉盆和婢女們不斷搓揉著腳庫，看著它逐漸鼓脹得飽滿又油亮，整塊肉充滿紅潤血氣，如此的小心翼翼分給各房搏感情。

甜點「芋蓮丸」收尾

甜點「芋蓮丸」是將上好的粉芋，去掉頭部（因頭部太硬，顏色也太深了，總鋪師直接將它切除，捨棄不用），再將芋頭切片放到蒸籠裡蒸熟後，放到碗裡用大湯匙趁熱壓成泥，並加些糖讓它融化，再放一湯匙豬油，讓芋泥較濕潤滑口，將蜜李、脆梅、木瓜簽、李仔膏等四種蜜餞切碎，再以蒸好的蓮子所壓成的蓮蓉，將蜜餞包在裡面，搓成一顆圓球。最後將一小塊芋泥包裹著蓮蓉成為一顆芋蓮丸，比乒乓球略大些，再裹些地瓜粉下鍋炸，撈起擺盤後，灑上白砂糖磨成的糖粉再上桌。

稀飯也得很講究

總鋪師跟著阿祖進入劉家門，可也得尊重劉家的規矩，每天早上熬稀飯的技巧也得重新學習。劉家早上的稀飯分三款，一款是白米清粥，將米淘好後浸泡二十分鐘，才用中火熬到米水滾開，將灶裡的木柴取出一些，變成小火慢熬，靠著小火的火力慢慢的熬出米漿，在米粒透心時，則加一小匙冰糖下去，讓這碗清粥帶有似有若無的甜滋味，這鍋粥

濕潤滑口的甜點——芋蓮丸。

快起鍋前可得再倒入大碗在來米漿勾芡，如此熬出來的清粥才不會湯湯水水，而是粘粘稠稠的，也由於加了在來米漿，才不會因為吃稀飯而容易餓。

小火慢熬「地瓜稀飯」

第二款是地瓜削皮刨成絲，以九分米、一分新鮮地瓜簽的比例熬煮，畢竟在大戶人家，地瓜是取其鮮美滋味，而不是像窮人用大量地瓜取代米，主要是吃地瓜，米只是附屬的。在那時候地瓜可沒有現在改良過的多樣化，而是看哪位佃農種的地瓜可以達到蒸的鬆軟有如蛋黃般質感，呈現俗稱「鴨蛋心」的地瓜，才能雀屏中選。

這種地瓜稀飯的做法，也是先淘米浸漬後，放進鍋裡以中火轉小火熬煮，約八分熟時才將新鮮的地瓜簽倒入鍋裡。我從小吃這款地瓜粥長大，也是在起鍋前加一點冰糖和在來米漿勾芡。我還記得小時候看大人將粥熬熟之後，將整鍋粥放在加滿水的臉盆裡降溫，但絕不可用杓子攪動這鍋粥。直到大夥上桌後，佣人會拿個大杓子翻動讓它均勻，再舀到每個碗裡讓大家食用。

我小時候看著這鍋粥，總會好奇的想動一動它，卻總是被阻止，長輩都會告訴我千萬別動，等它涼了，要吃之前才可以舀動它。

第三款則是將地瓜切塊，也是九分米、一分地瓜的比例，但切地瓜塊可不是用刀直接切塊，而是用刀子尾部以敲的方式讓地瓜自行裂開，長輩說用切的地瓜不會好吃，就是利用刀尾的力量讓它自行裂開，地瓜才會鬆甜。

做法和前面都一樣，只是在米煮到七分熟時才放入地瓜塊，我曾在台北某家著名台菜店點過地瓜稀飯，非常失望，其實這年頭稀飯煮得好的餐廳真的很少，好像沒有人願意多費一點心來煮稀飯，連我想吃稀飯的日子，也曾好幾次沒煮好，必須特地花時間和功夫「專心」煮，才能煮出好稀飯。劉家的傳統不吃滾燙的稀飯，最喜歡的是降到六分熱的溫度才食用，也許是因為南部天氣熱的關係，所以養成這個習慣。

我從姆婆口中聽了很多當年阿祖的故事，讓我一直很好奇的是，阿祖家是如何找到這麼能幹的總鋪師，而且總鋪師的這幾道菜，確實讓剛踏進劉家的阿祖成為最得寵的媳婦。就因阿祖嫁入劉家時帶來能幹的總鋪師，頗獲劉家人歡迎，只要劉家想吃什麼，總鋪師總能設計出既巧又爽口且討人喜歡的菜餚，而陪嫁過來的兩名婢女也聰明伶俐，在這個大家庭裡到處幫阿祖打點人際關係，讓阿祖一嫁入劉家，備受寵愛，生活過得很愉快。

脆梅釀製「梅子醬」

羅家很會用脆梅釀製梅子醬，一款可以泡熱茶飲用，另一種則是專門用來蒸魚或入菜用。這款入菜用的梅子醬，在釀造過程中，糖加得比較少，而且每顆梅在釀造過程都會先壓破，所以釀出來的梅不像泡茶用的梅那麼軟Q結實，泡茶的梅咬起來有點脆，蒸魚的梅看起來顏色比較深暗，外形較不完整，但梅子酸得讓人聞了就開始分泌唾液。

從以前就是一條鮮魚配一大湯匙梅醬，再加一些破布子一起蒸，蒸出來的魚肉帶點酸及甘甜味道，感覺魚肉更鮮。這幾年找不到這款梅醬，很懷念四十年前還拿得到這種梅醬蒸出來的鮮魚味道。

每一年，羅家都會請家僕抬上四、五大甕的梅醬到劉家來分送，總是盡量拜託大家多照顧羅家女兒，陪嫁過來的總鋪師也必須三不五時做些私房菜送給各房，敦親睦鄰，可惜這款羅家私房的釀梅醬功夫，在四十年前竟然失傳。

家和萬事興

劉家家大業大，人多是非就多，家規也多，各房有各房的主張和規矩，因此在裡面講究的是「人和」。小時候我跟著姆婆，她總是教我要面帶微笑，傾聽別人說話，自己少開口，任何事先說好，不要表示太多意見，回家再思考如何解決問題和窘境，對任何人話不要多，不要批評，更要注意別輕易給意見。她總是要我記住，出主意不是好事，有時候因為自己對事情的不查，而提出自認為很好的主意，實施起來卻不盡理想，這時就應了句俗語「公親變事主」，明明沒你的事，何苦出主意把事情搞得更糟呢？

她常告誡我不是教我不沾鍋、凡事逃避，而是不主動去找事，但事情找上門了，就必須勇敢的面對，絕不逃避，慢慢的想辦法將它解決，這就是在大家族中姆婆學會的生活道理。家族成員多，難免會有些比較惱人的份子，他們的行為不見得如大家的意，也許具有侵略性，也許比較會傷害人，但大家族就像社會的縮版，有好人，也有不盡理想的人，相信每個家族都有這種困擾，但羅家認為盡量廣結善緣，總是可以避掉一些禍害。

5 家變與回頭轎

我阿祖的婚姻前後只維繫了九年，剛入門的那段時間，每個人無不羨慕她，家中的總鋪師手藝高超，博得家族的讚賞，帶來的婢女又乖巧靈活，加上婚後兩年就生下了我外祖父，阿祖在家相夫教子，本來是個美麗的故事。可惜快樂時光並不久，外曾祖父有次騎馬奔馳卻不小心從馬上墜落，就此離世，留下年輕的阿祖孤兒寡母在劉家，家中也興起了一場腥風血雨般的家變……

劉家六大房雖然都全部住在一起，並不是共用一個餐廳，其實各房都有自己的廚房，各宅院也有自己的餐廳。現在劉家古厝的祠堂就是以前的花廳，是公家宴客的場地。我曾回到姆婆在古厝的故居，就在第三落的右邊，有五間房。中間一間是客廳兼餐廳，三大間是臥室，另一間是廚房。姆婆這五間自成一格局，住著她的公婆及姆婆夫婦、一名婢女及一名長工。

也許阿祖進入劉家原應是無憂無慮的，只是外曾祖父喜歡騎馬讓她頗為憂心。外曾祖父並不像有些家族成員染上吸鴉片惡習，大戶人家有錢，也不知怎麼的，各房的男生對新鮮的遊戲都很有興趣，這時又逢甲午戰爭，台灣割讓予日本，家族面對著朝代的變遷和衝擊，生活上也起了變化，對新鮮的事情充滿好奇及勇於嘗試，我外曾祖父便迷上了騎馬。

阿祖嫁進劉家門，羅家可沒把女兒當潑出去的水，羅家深知劉家家大業大，家族人多，女兒稍一不慎就會得罪人，三不五時就差僕人送來乾貨、海鮮，也常塞些賞銀給跟著來的婢女和總鋪師，希望他們陪著阿祖，鞏固她在劉家的地位。

外曾祖父最愛「蓮子凍」

外曾祖父最喜歡的一道甜點是「蓮子凍」，總鋪師很聰明，在做這道甜點前先將蓮子加點冰糖煮熟，挑出十來顆漂亮的蓮子放在一旁，其餘的壓成泥，趁熱時偷加一點地瓜粉讓它凝結，蓮蓉才不會四散。然後將燕條加冰糖熬煮，倒進深皿裡，倒一半時先讓它凝結，其餘的燕條則用小火保持一點熱度，皿放進冷水中讓裡面的燕條汁結凍，等結凍後趕快將壓好的蓮蓉鋪滿一圈，再將十幾顆的蓮子擺在上面，之後再將鍋裡的燕條汁倒入，等凝固後切成六公分的菱形塊狀就端上桌，這可是外曾祖父的最愛。

但自外曾祖父走了之後，阿祖不准總鋪師再做這道菜，我也是這幾年才偷偷試做看看，在夏天吃起來極為爽口。燕條現在人稱為「菜燕」，脆脆的菜燕配上軟軟的蓮蓉，和一顆顆的蓮子，脆、鬆、軟、Q四種口味同時在嘴裡蹦開，除了是很特殊的佳賓，我很少和人分享這道甜點。

我阿祖的婚姻前後只維繫了九年，剛入門的那段時間，每個人無不羨慕她，家中的總鋪師手藝高超，博得家族的讚賞，帶來的婢女又乖巧靈活，加上婚後兩年就生下了我外祖父，阿祖在家相夫教子，這一切本來是個美麗的故事。

可惜快樂時光並不長久，台灣本身並沒有馬，想騎馬得自大陸運過來，台灣的人家平常只能坐牛車，走起來慢吞吞的，感覺好乏味，外曾祖父一次不知從哪裡找來一匹馬，騎著馬奔馳，快意得很，不幸有次騎馬奔馳卻不小心從馬上墜落，就此離世，留下年輕的阿祖孤兒寡母在劉家。

阿祖的「回頭轎」

外曾祖父意外過世，對阿祖是晴天霹靂，一肩扛起外曾祖父留下的龐大財產的經營重擔，原以為再怎麼苦，孤兒寡母還是可以守在一起，這時她必須聽著五房的親人

脆、鬆、軟、Q的蓮子凍是外曾祖父的最愛。

各自不同的意見，常讓她很為難。她抱著忍耐的態度面對一切，以為只要忍耐就可能避掉災難，卻做夢都沒想到，嫁進劉家後一直廣結善緣，不料一向和睦的親人，竟為了財產反目成仇。

阿祖自認為是不含一點私心的掌管事業，沒想到龐大的財產竟遭族人覬覦，別房的人不能管五房的事，但五房的外曾祖父是過繼來的獨子，堂兄弟覬覦他的財產，當然容不下我阿祖，家族成員竟然驅趕她帶著婢女回娘家，甚至差了座轎子，要她回嘉義羅家。

那個封閉年代的民風不是我們所能了解的，阿祖沒做錯任何一件事，而且公婆不在、夫婿過世，竟還沒有理由的要她回去，這時的她孤兒寡母，即使哭得柔腸寸斷，心碎不已，百般不甘及無奈，卻又不得不從，更不能把事情鬧大，她一輩子都沒想到「回頭轎」這三個字會落在她身上。

當年台灣人被休妻才能坐「回頭轎」，民間風俗必須犯上「七出義絕」，才能休妻。這七個原因有一、苦無子嗣，二、與人通姦、三、不事公婆，四、蜚短流長，五、竊盜詐欺，六、有妬忌心，七、惡疾纏身。

想當年阿祖風光的嫁入劉家，娘家人還特地舉行「勁轎腳」儀式，這個儀式是因為轎子有四隻腳，新娘在出嫁前，接受四個親友在四個不同地方招待，象徵鞏固轎子，不使它搖搖擺擺，希望阿祖嫁過去後，生活安定，無人可動搖，沒想到最後竟然仍會落到坐「回頭轎」令人不堪的下場。雖然外曾祖父已過世，阿祖不是真的被請坐回頭轎，但對她而言，被請回娘家卻有如坐「回頭轎」般的羞辱。

阿祖向族人懇求，要她走沒關係，起碼要讓婢女留下來照顧幼兒（我外公），但族人不依，只願留下總鋪師，兩名婢女都必須跟著被遣送回娘家，在得不到各房的庇護下，阿祖只能被家族殘酷的趕回娘家，黯然的坐回頭轎離去，她當時的痛苦，恐怕只有自己點滴在心頭吧。

在一百四十年前，「回頭轎」三個字可是非常沉重，現代有人對婚姻的看法，灑脫的認為「大不了坐回頭轎」時，卻不知在當年的習俗裡，阿祖沒來由的被請出家門，母子拆散，這痛有多深，若問錯在哪裡，就錯在外曾祖父繼承太龐大的產業，而阿祖又陪嫁太多的嫁妝。當年浩浩蕩蕩帶著嫁妝風光嫁入劉家，於今卻落著孤轎和兩名婢女被請離劉家。

當她回到嘉義家中，家裡的人憤恨難消，畢竟自己的女兒喪夫已夠悲傷，還得和獨子分離，接受左鄰右舍和親友的異樣眼光。那段時間真的很難熬，卻又對劉家莫可奈何，畢竟坐了「回頭轎」回來，在當年的社會是不可以興師問罪的，必須黯然憤恨的接受，忍受著這種莫名的羞辱。

只能怪說在封閉的時代，有很多事不能以現代眼光看它，一個家族有一個家族的問題要解決，每個家族裡總是有些頭痛份子存在。

阿祖被請回娘家後，打聽不到劉家的事，母子倆就此斷了音訊，阿祖內心總相信劉家人會善待孩子，而留在劉家的外公還只是個七歲的小孩，眼看著母親被迫離開，哭喊著卻喚不回親娘，幸好總鋪師是忠心耿耿的廚師，知道小主人還小，擔心思念母親不飲不食，身體無法支撐，開始做些可以燉補的食物讓小主人增加體力。

溢於言表的思念滋味

總鋪師殺了老母雞熬湯，將雞肉撕成細絲煮粥，加上切丁的海參，讓外公吃。另料理一道「燉干貝雞湯」，總鋪師先用六顆干貝放在碗裡泡水後，蒸到熟軟，再剝成一絲一絲，加上香菇燉湯，湯頭鮮又甜，即使沒食慾也會多喝幾碗。

總鋪師在外公哭鬧累癱之後，端給他吃，還騙他多吃幾口就會帶他去找母親，剛開始這招還有效，一、兩星期後，外公開始懷疑總鋪師的話拒絕再吃，哭鬧著什麼時候可以去找母親。

總鋪師趁著私下無人時告訴外公：「我做的菜再好吃，你已經沒有感覺，你思念母親的心情可以理解，但你如果只是每天哭而不吃喝，萬一有個三長兩短，哪天你母親回來了要去哪裡找你？所以你在家裡無論如何每天要吃得飽，還要去練拳，將身體練好，才有機會見到親娘。」外公這才意識到自己的處境，開始注意飲食和健身。

總鋪師常鼓勵我外公要吃得身體強壯，體力夠好，長大就可以自己去找娘親了，他還要外公每天下午到廚房找他，因為不能讓外人知道他會偷偷燉些補來讓外公補身體，此外，總鋪師每個星期也會做兩次鹹焗雞給外公吃。

這做法我後來學會後，有時也會做來食用，因為營養開胃，在食慾不好或身體狀況較差時，是很好的食補。做法也很簡單，將一隻約兩斤重的雞，從雞胸切開後，在龍骨處用刀柄拍打讓牠呈大字形躺平，內外都抹上一點米酒，接著拿把鐵鍋，將鐵鍋擦乾後鋪一包鹽在下面，上面擺個鐵架（古時沒鐵架是放筷子），將雞擺在上面之後蓋緊鍋蓋，用中火燒著鍋子，約四十五分鐘之後，再掀蓋子將雞翻面，再焗烤四十五分鐘，最後將雞取出放在盤上。

說也奇怪，這種做法的雞肉依然飽滿多汁，鹽味薰上來，鹹度恰到好處，用手撕起來吃，感覺很開胃，我記得兒子小時候瘦弱得很，家裡長輩提醒我何不試著做鹽焗雞給兒子吃看看，想不到胃口不好的兒子卻愛上這道鹽焗雞，效果挺有效的。

當阿祖被請回後，外公是由幾位姑姑輪流帶著，雖然聘有師傅教他讀書，可是一個七歲的小孩，再聰明也搞不懂財產是何物，每遇到親人要他在文件上畫押，就只能照做，只感覺畫押畫得越多就越沒人理他，也越沒人哄他，豪門之家財產多，卻只會招來災難，大家只忙著瓜分他的財產，等到財產被瓜分完了，他在劉家開始被人嫌，至此終於體會到在「三落一百二十門」的大宅院裡，竟然已無容身之地，親人的冷漠讓他對大宅院充滿矛盾的情感。

舅舅們常說，祖父和曾祖母這輩子絕對不提當年的事是如何發生與演變的，外公也一輩子不說出是因何種理由離開劉家，及當初一心只想跑去找母親的過往。阿祖和外公常告訴舅舅們，「生氣、憤怒都無法挽回當年的痛苦與悲劇，唯有寬恕才能讓生命快樂的走下去。」所以不論後輩如何探聽，他們母子絕不提當年的家族恩怨。

小小年紀被迫離家

其實當時外公在宅院裡已沒人理他，甚至常常用言語奚落他，要他出去，別留在宅院了。外公流浪在外後，發現有棟破舊的草屋無人居住，就自己在草屋裡住下來，過著打野食找菜吃的艱苦生活。這樣過了一段時間，某個颱風季節，外公因為淋到雨發著高燒，病得不省人事。

這時已是日據時代不久，開始進行戶口普查，一名日本官員發現外公住的草屋，想看看是否有人居住，才發現高燒中的外公，竟慈悲的將他帶回家照顧。等他病好了，問清楚為何一名小孩子會獨自住在草屋裡，外公具實告訴他家族身世和發生的事情，央求日本官員帶他到嘉義找母親。

日本官員聽完他的故事，剛好他們夫妻膝下無子又很喜歡小孩，就要他先別回劉家或到嘉義找母親，要他住下來好好讀書，才有能力幫自己打官司，要他相信法律會還他公道，雖然不能全部要回財產，但起碼也能要一些回來當創業本錢，那時候才有資格回去找母親。

於是外公就在日本官員家中住下，天資聰穎的外公並未讓日本官員失望，成績總是名列前茅，而且不斷的跳級，是名資優生。十五歲就到台北師院讀書，十七歲回到台南，就自己和占據他財產的長輩打起官司，最後拿回一批在新營的祖產，也買下一棟宅院。

這時十八歲的外公急忙到嘉義羅家找母親，羅家的家丁趕忙呼喚羅家人出來迎接。當年阿祖離開時，外公才七歲，母子之間音訊全無，阿祖一直相信終有一天孩子長大了，一定會來找她，這一天終於等到了，站在她面前的人是個身高一百七十五公分高的強壯少年郎，母子相擁而泣。雙方相處幾天，羅家天天擺出宴席歡迎。

再相逢的好滋味

宴席中有著許久未吃的鹽醃肉，Q彈有勁的外皮，肥肉脆而不油，瘦肉則滑嫩潤口，羅家的家廚手藝非凡，好像又回到劉家曾有過的美好歲月。失去已久的母愛，在這時又尋回了。外公根本不想離開阿祖身邊，何況他已經打贏官司，在鹽水有棟宅院和數間房產，他一再要求和阿祖母子一起生活，但阿祖的父親和兄弟都勸他，「已經分離這麼久，相聚不急於一時，你已找到來羅家的路了，想找母親隨時可來，不是不讓母子相聚，而是當年的回頭轎太沉重，何不趁現在年輕，又有能力發展房地產事業時，做一番大事業，讓劉家人刮目相看，再風光的將母親迎回家，也就是要忍著痛苦熬到成功，公開昭告劉家人，你有能力再建一個漂亮的府邸迎回母親同住。」

阿祖珍惜好不容易與兒子相聚的時光，卻仍冷靜的為兒子分析，自己是纏小腳的婦人，目前在羅家生活無慮，但此時如果和兒子回台南，只怕他會被裹小腳需要照顧的母親所拖累，而無法全心打拚事業，因此鼓勵兒子趁著年輕出外打拚事業，有空再回來看母親，他日成功，在台南府城蓋棟大宅院，再風光的迎接母親過去，重還母親公道與榮耀，告訴劉家不必靠祖產，他也可以成功，到時候就可以將「存放」在劉家的嫁妝拿回來。

外公聽了母親和長輩的勸告，告別母親回到新營，賣力的再花四、五年時間從事房地產買賣事業，由於眼光獨到，很快就奮鬥出一百甲土地，在赤崁樓旁蓋了一棟大宅院，風光的將母親迎過來居住，到外公晚年已有八百甲土地。

由於阿祖當年是不明不白的坐了「回頭轎」，讓娘家人心痛不已，於今雖然孩子已經長大，有能力接回母親，但娘家很難嚥下這口氣，在外公至嘉義接母親時，提出一個要求，就是只要阿祖的兄弟在的一天，每年的六、七月，娘家就會派人來接阿祖回去過暑假，讓阿祖每年都可以回娘家，這個要求是羅家希望阿祖當年被請回家的事情得以合理化，畢竟每年回娘家並非常態，阿祖出嫁九年後被請回娘家，也希望只是小住而已，所以當做他們對女兒的疼愛，才會要求劉家讓女兒回來，而這個回娘家的要求，也只是給羅家人心理上的自我補償。

台灣有句俚語「八月放暑假，九月九層粿，十月紅龜壓後」，早期人家有女兒出嫁，隔年夏天必須回娘家探親，此時夫家會讓她帶一點米香丸、香蕉、帶尾甘蔗、柑橘等回娘家分送親友；當女兒要返回夫家時，娘家則會裝一些九層粿、鹹粿讓她帶回夫家分享，這風俗叫「挽荖花」。

荖花外表看來像是特大號的米香，但卻是呈橢圓形，米香是用米爆出來的，而荖花是用生糯米炒熟的，想吃荖花可得準備一把刀子來切，古時候老人家喜歡將切塊的荖花放到大碗公裡，再用滾湯的水悶著泡軟，就變成一碗甜粥了。

雖然阿祖早就出嫁了，但家人對回頭轎耿耿於懷，而有如此要求，結果阿祖到了八十歲前，每年夏天仍要回娘家，而外公也真的會到餅店準備很多荖花，讓阿祖帶回去和鄰居街坊分享，這個風俗本來只有新嫁娘才有的，但娘家對她「回頭轎」一直無法釋懷，做此要求只是向劉家宣示羅家是存在的。

雖然外公也是遭劉家趕出門的，但阿祖告訴他生為劉家人，死也是劉家鬼，不可有怨，也不可說出是誰慫恿要她坐「回頭轎」與竊據財產，畢竟所有恩怨必須到此為止，必須學會寬恕與放下，不要延續到下一代。

現在劉家古厝的祠堂就是以前的花廳，是公家宴客的場地。

6

外公鍾愛的味道

因為外公當年
在日本家庭生活近八年時間，
養成他特殊的飲食習慣，
每餐必吃日本人醃漬的梅子，
及日本口味的味噌湯，
而且對味噌湯的口味非常講究。

由於外公是日本人救活長大的，所以外公對日本有一股感恩之情。當日據時代他住在赤崁樓旁時，還曾擔任保正，只是聽舅舅們講，外公心裡充滿矛盾，他身為漢人，身上流著漢人的血液，而日本占據台灣後，對台灣人並不算友善，自己只是幸運的被日本人撫養，私下的外公其實非常崇拜傳統中華文化，家裡也喜歡西方文化，常讓傳教士進來教孩子鋼琴、音樂，所以外公雖對日本比較友善，但他的喜好和菜色卻是偏向福建的。

因為外公當年在日本人家庭生活近八年時間，養成他特殊的飲食習慣，每餐必吃日本人醃漬的梅子，及日本口味的味噌湯，而且對味噌湯的口味非常講究，味噌不能買錯。

特愛重鹹味噌

外公喜歡顏色較黃、口味比較重也比較鹹的味噌，在煮味噌湯前一定要先用小魚乾和柴魚煮出味道，豆腐泡在水桶裡，切成小丁塊，蔥必須當天現摘的，蔥裡面的汁才會飽滿，只取蔥白切碎，味噌放在碗裡加點水用木湯匙拌勻之後，水滾了先快速將豆腐下鍋，倒進濃稠的味噌到鍋裡，煮上一、兩分鐘就迅速離火，先在碗裡擺些切碎的蔥白，再倒進煮好的味噌湯，就如此喝它一碗。味噌湯若在火上多煮一下，味噌的味道就散了，失去原味。

外公也喜歡一道「味噌魚」，有些人家是用油煎，但即使是後來舅舅家，仍會燒炭火用文火來慢慢的烤，這種做法將土魠魚或旗魚切成約三公分厚，以味噌加米酒、砂糖攪拌均勻後，拿來醃魚片，約一天時間，再用煎或烤的方式料理，但都須採用文火，才不會讓魚肉裡面的水分蒸發不見，且在烤之前必須先將味噌抹掉，但不可用洗的方式。我有一次偷懶的用煎的方式烹調，剛好母親來，看了竟非常生氣，認為我的做法很粗魯。

另外，也用味噌醃梅花瘦肉片一天，要下鍋前先將味噌去除，用文火和冷油煎；有一道「味噌雞腿」則是我的最愛，將棒棒腿切開，將雞肉攤平，用味噌醃上一天，小時候，三舅最喜歡做這道菜和我分享，當味噌完全抹掉之後，烘爐上的火必須非常微小，在鐵架上微熱的烤，需要的是耐性，我和三舅總是會搬個凳子，坐在爐邊聊天，邊聞著香味，而這道味噌雞腿一定要配上一點醃漬過的蘿蔔切片。將蘿蔔刨成片後，加一點鹽搓揉出水變軟，但切記鹽巴不能加多，以免太鹹，搓揉後浸置十分鐘，將水倒掉，加一點白砂糖和一點清醋，再醃個半小時。要吃味噌雞腿時就加一點醃漬的蘿蔔，這蘿蔔帶點酸甜口味，配起來滿對味的。

壽司與飯糰

外公也特別喜歡日本壽司，平常家裡吃的是在來米，但吃壽司非得買蓬萊米不可。米蒸熟之後用日本木桶盛裝，佣人在旁翻攪著讓熱氣散去，我小時候曾陪著外婆到豆腐店買炸好的豆皮，陪她做豆皮壽司。外婆是她同輩中唯一會做菜的人，她會捲壽司、做飯糰，只可惜前置作業都要別人幫她做好。

外婆做的「豆皮壽司」很好吃，她將豆皮買回家後，拿把剪刀將三角形的豆皮下

用文火慢烤的味噌魚，可保留魚肉裡的水分。

端逐一剪開，在鍋裡擺放水、醬油、糖，當豆皮滾開後，放在陰涼地方泡上一天。外婆說，豆皮壽司人人都說會做，卻不懂得祕訣，就是要讓豆皮吸滿汁，如此擠乾之後包飯糰，咬上一口，浸入在豆皮裡的湯汁就會散入飯粒中。

她說外面的人以為會做豆皮壽司，卻不懂得門竅，做出來的根本難以入口，我長大之後也有樣學樣的學外婆做，卻掌握不到醬油和糖的黃金比例，外婆說她根本不知道什麼叫比例，那只是日本文化對她的影響，所以她掌握到這個口味，而我也在外婆影響下，很少在外面吃豆皮壽司，因為總覺得製作者不夠用心，口味不夠好。

會做菜卻沒有文化時，就找不到它的精髓，做得不夠道地。

外婆受外公影響，最會做外公愛吃的「海苔捲壽司」，這道壽司備料最重要，我在外婆家曾看到以前做玉子燒的老舊四方鍋具，一雙竹筷子上綁一圈綿布，用來沾油抹鍋用的，然後玉子燒煎得約二公分厚，再切成長條，放在一個盤子上備用，一條小黃瓜切成小片，用一點點鹽水泡過瀝乾，香菇和瓢乾放在醬油糖水裡滷過浸泡，讓它入味，滷好的香菇去掉蒂再切成半公分的長條形，當海苔皮放在捲壽司的竹簾上，我會看到佣人拿個碗加點清醋、糖水、極少許鹽，淋在飯上攪拌，讓米飯吸到汁，等它涼了就會請外婆來包壽司。

外婆說包捲壽司時，手的力道很重要，太用力時，米粒太緊了不好吃，太鬆則吃

味噌雞腿則是我的最愛。

起來七零八散，只見外婆將拌好的米放在海苔上鋪開，接近邊緣的米會按出一個凹洞來放材料，首先會擺上玉子燒、香菇、兩條瓢乾（她說這樣味道才足夠），再擺上小黃瓜和一些魚鬆，捲起來一條條的。

切壽司捲時也很講究，必須準備一條長的濕毛巾，切壽司的刀子又長又尖又利，每切一塊之後，只見外婆就會將刀子在毛巾上擦拭乾淨，她說，外面一刀刀一直切下去，刀子上都粘了米粒，每片壽司都粘上前一刀的米粒，髒髒的不好吃，所以必須切一刀擦一次。

外婆說外公根本不會做菜，但對壽司卻無比的挑剔，所以由外公口述，她親自掌廚，解決外公吃不到好壽司的痛苦。

我認為外婆捏飯糰的功力是最好的，現在的超商常可見到御飯糰，小小扁扁的三角形飯糰，外面裹的塑膠袋，一抽起來時就有一層脆脆的海苔包裹著三角飯糰，每次看到它，心裡都會想著，「幸好外婆已經過世了，否則依這種尺寸的飯糰在市場廣受歡迎，她一定百思不解，無法了解現代人怎麼了。」

外婆做的飯糰有兩種，一種是三角形，但比現在看的三角御飯糰尺寸大得多，而且厚一些；另一種則是底部是平的，上面是高高的橢圓形。小時候外婆總是拉著我的小手，嘆說「手這麼小，長大後想教妳捏飯糰恐怕都捏不出來」，外婆擁有一雙巧

母親唯一會做的飯糰。

手，飯粒在她手掌心中，靠著掌心和手指的力量，隨手就可捏出一個飯糰，飛動的手勢之優美，就像是舞蹈家揮舞著雙手，常讓我看傻了眼。

飯糰中間的餡料可不像現在的御飯糰有那麼多種，而是日本殖民台灣時帶來的日本文化，有一款餡料是包著一顆醃漬梅，另一款是醃過後裹上芝麻的柴魚酥，別看裡面的餡料是如此簡單，外婆過世快三十年了，我還是想念外婆親手捏的飯糰。

外婆做飯糰很注重蒸米的過程，米蒸熟後還要悶上二十分鐘才能掀蓋。只見佣人將蒸好的飯倒在圓形的木盆裡，右手拿飯板不斷翻鬆米飯，拿扇子的左手則慢慢搧著，讓盆子裡的米飯降溫下來，每到米飯降到微熱時，外婆總會交代將一碗參雜一點清酒、水、糖、清醋、些許鹽調製的醬汁均勻的潑在米飯上，再用飯板快速將它拌勻。

直到拌勻且飯涼了，就輪到外婆上場捏飯糰，平常我不喜歡吃白飯，但吃外婆的飯糰時，才不在乎它有沒有餡料，我最喜歡那米香的味道。外婆告訴我，日本人當年在台灣生活也有拮据的時候，醃過的梅子在飯裡會散發出特殊的香味，而酸酸鹹鹹的很下飯。太平洋戰爭時大家生活普遍不富裕，很多人的便當會放顆梅子配飯，一顆梅子在白米飯裡，就像是日本國旗，被戲稱為「國旗便當」。

醃漬酸梅

外婆在三十年前常嘆時代變了，現代人想醃製梅子都不講究功力，要找到醃製好吃的酸梅已不容易，不像日本殖民時代大家對醃漬酸梅的文化比較講究，尤其有錢人家在日本人鼓勵節省的時代，家廚花在醃製酸梅的功夫不能少。現在我八十歲的母親每吃到醃漬的嫩薑，總會抱怨味道不對，因為在六十年前，嫩薑醃製過程若未加酸梅，味道就是錯的，一顆梅子就可醃製出好多種口味，酸梅的文化在當年是被重視的。

那是過去時代的文化，現在的飲食文化讓我感覺變得很不一樣，變得比較簡單，什麼都不再講究，不像早年一顆梅子就可以變出那麼多口味，不同的菜可以加不同的梅子，現在我到蜜餞店看到用梅子製作的蜜餞，款式很多，但要入菜就難了。通常在外面選購也只能找到紫酥梅，不像早年在外婆家看到的那麼多種醃梅，醃漬梅是日本殖民飲食上重要的一味，現在卻鮮少有人注意。

當年的日本文化對台灣的飲食影響很深，味噌湯和紅豆湯是日本人對台灣飲食文化影響最深的，日本人愛喝紅豆湯，將紅豆熬得又濃又稠，而我與生俱來有個特質，就是會熬日式紅豆湯，因此深得外婆歡心。外婆常說倘若外公生前喝到我熬的紅豆湯一定會很感動。

第二章 府城大宅院

這棟五百坪的老宅院
早在台灣光復前就被拆除了，
我雖無緣一睹風采，但在三舅回憶的引領下，
我好像活生生地在那飄渺中的屋子住過般，
一景一木都瞭然於心，三舅一輩子念念不忘，
揮不去過去的那段老宅美好時光的回憶，
所以才會不斷呢喃著，
想讓我更了解大宅院的點點滴滴、
大宅院內的美好味道……，
聊表對它的悠悠思念之情。

1

大宅院的無限風華

三舅、五舅、母親在我小時候，常在紙上畫出他們過去居住的那座豪華大宅院，試圖告訴我這座他們過去生活的房子是什麼樣子，因為這是他們成長中最重要的回憶，雖然這棟宅院已經完全消失了。

我外公經商成功後，以他過去所學的法律常識及斡旋技巧，逐步地取回自己小時候被奪走的財產。其中包括了當年劉家五世祖劉全在府城赤崁樓附近建蓋的七間店鋪，拿來當「得昌糖行」的店面，其中三間在此時已由外公拿回繼承權。這時外公的經濟穩定，於是便在赤崁樓旁，也就是當年府城最繁榮的黃金地段，興建了一棟五百多坪的大宅院，並將母親接回居住。

明鄭時期鄭成功來台後，赤崁樓在當時是全台政治經濟中心，百姓以赤崁樓一帶為中心蓋房子居住。外公雖然事業有成，並沒有回柳營居住的打算，而是在赤崁樓旁興建宅第，這都是因為我阿祖一直有到府城生活的夢想，她認為赤崁樓是府城的政經中心，對她而言，能住在赤崁樓周圍是一生最大的夢想。況且並不是所有劉家後代都住在柳營公館裡，有能力的後人都會自己到外面另闢地點，興建屬於自己的屋子。

但是，很不幸的，在日本殖民末期的太平洋戰爭中，日本政府為了戰略而把赤崁樓附近的房子全都拆個精光，這當然也包括我外公辛苦興建的五百多坪的大宅院。無非僅是為了要讓美軍飛機自高空鳥瞰赤崁樓旁的地形是空曠的，好誤導美軍的轟炸。

外公的大宅院被拆除後的部分空地，在光復後撥給旁邊的成功國小當教室，大多數的宅院空地在光復後興建康樂台。後來康樂台年久失修被拆除，成為一大片空地，近年這塊原先是台灣最精華的地段，最後竟落得成為台南市政府的停車場，用來停放遊覽車和遊客的轎車，讓我等後輩不勝唏噓。

阿祖被接回家後要求外公做的第一件事就是「寬恕」。她說就將當年自己如何被請回娘家，外公如何流落鄉野等這些往事，當作是人生的一次歷練，畢竟家族間的情感乃血濃於水，不可因不愉快的事件而仇視或結心愁。當初被奪走的財產也有部分收回，至於其他拿不回來的，就想成財產是流動性的，會增加也會減少，因為倘若不是當年被逐出家門，一無所有，也不會經歷這些挫折和困難的焠煉。在生命中失意的時刻，老天卻未對我們關起門來，阿祖一直要外祖父記得上天對他們的疼愛與照顧。

人生難免會有挫折，如果將挫折當做正面思考，視為磨練與鼓勵，人生會更加充滿希望。例如，外公年幼時雖然曾流落鄉野，獨自生活，正是一種磨練。獨自在荒郊野外存活，而且在染重病時，老天又安排一位日本官吏出現，不僅幫忙治病，還將他帶回家撫養，甚至供給外公繼續求學。因為經歷這些，讓外公懂得把握機會學習很多的法律知識，拿回被奪取的財產，又學到房地產投資訣竅，讓他在短短時間就累積三百甲土地，靠本身所學，拿回失去的財產，這一切或許正是老天的安排。

阿祖認為，家族爭產之事不必再爭論，「他們並不知道自己所做是錯的，只是一時蒙蔽了心，做了不好的事。」她總是這樣淡淡地提及那一段不堪的過往。

阿祖也認為，過去的苦都已經過去了，倘若還不能放下仇恨，將永遠無法快樂的生活，所以與我外公做好協定，不將當年的事攤在陽光下，不讓後代子孫彼此猜忌。

由於阿祖的風範，讓阿祖在劉家建立重要地位，各房之間如有爭執，往往會上門來請阿祖評理公斷。

外公對日本人的感情也是充滿矛盾的。他年幼無依時，獨自住在茅草屋，是日本官員帶他回家撫養，對他有恩。後來外公也當過保正，但他並不贊同日本人對台灣採取高壓政策，特別是在他一生心血建立的大宅院被強制拆除，對他更是莫大的打擊。所以日本戰敗後，國民政府來了，外公和一群朋友都很高興，認為從此總是自己人治

當年赤崁樓旁五百多坪的大宅院已變成停車場。

國，可以很安心，哪裡知道接下來的「三七五減租」、「耕者有其田」等土地政策，更讓他一輩子的辛苦頓失大半。在接連的打擊下，外公在台灣光復幾年後即憂勞成疾，在一場大病中因藥物過敏而離世。

大宅院的點滴回憶

三舅、五舅、母親在我小時候，常在紙上畫出他們過去居住的宅院，試圖告訴我這座他們過去生活的房子是什麼樣子，因為這是他們成長中最重要的回憶，雖然這棟宅院已經完全消失了。

五舅後來搬到台北，但他每次回台南，就會開車到延平郡王祠徘徊不已，因為當年老家有一塊巨大石頭，在老家被拆之後被送來延平郡王祠庭院擺放，有一天這塊石頭突然不見了，也沒人知道被搬到哪裡，五舅非常惆悵的告訴我，「那塊大石頭不見了。」也就是在那一刻，他說他才感覺到原來老宅院真的完全消失了。

而三舅則是沒事就到延平郡王祠，坐在石頭旁想念過去的時光。他也常去赤崁樓旁的廟宇，看著原來是種在家中庭院裡的梅樹，坐在樹旁想念過去的點點滴滴。三舅常說，幸好宅院被拆除前，外公已將梅樹、巨石都先遷走，否則宅院拆除後，沒有留下任何蛛絲馬跡可供懷念，會讓人很心痛。

三舅在我小時候，常在紙張上畫著老屋的椅子、桌子，然後訴說著每間房屋的擺設，三舅畫得極為細膩，講得也很清楚，讓一個從沒看過那屋子的我，依照他的圖和介紹，慢慢地走進他的童年世界，以及那些在老宅院的成長故事。

三舅對老屋的懷念，就如同在分享他人生中最美好的那一部分，引領著我一同認識那棟老宅院。他總是不厭其煩的解說著，有時還會要我閉著眼睛去感同身受般，想像自己是如何行走在其中。

雖然老宅院已經消失，但三舅對我的疼愛，邀我和他一起進入那棟宅院的回憶，或許正是一種傳承吧，他希望我能記得，並傳下去。

東西合併，氣勢磅礴

日據時代，日本將明治維新的觀念傳入台灣，台灣有些家庭也因日本統治受到衝擊，生活上轉趨西化。不單是將小孩送到大陸受教育，也會送到日本、法國，在建築上也起了變化。不再只有中國傳統的三合院形式，開始走向西化，有日式風格卻又有閩南的規模，出現一種綜合體的奇妙變化。如東門城外後來曾被用來當美術館的二層樓巴洛克式建築，裡面裝設的西方蹲式馬桶，也是台南市第一個採用這種西式馬桶的家庭。

所以，我外公在赤崁樓旁興建的大宅院，也不完全依三合院方式興建。屋子寬廣深長，大門不是中國傳統的朱紅色，而是乳黃色，在當年這可是一種極為新潮的象徵。

外公的宅院大門平常是不隨便打開的，連家人出入也得走側門，只有貴賓來訪才會開大門迎接。進入大門左側有兩間雙併的房間，第一間是會客廳，客廳內擺有四張以紅木製作的扶手椅，扶手上有卷紋的雕飾，手把則有枴子圖騰，椅背上雕有福字和蝙蝠的花案，這圖騰代表「福氣滿門」。兩張扶手椅中間則擺一張高腿茶几，茶几周圍則雕著回紋，這裡的茶几雕工比較樸素。

會客廳中間有個小形木雕的太師壁（在古厝裡，廳堂後面都會豎立著一道隔屏，進出時要繞過這道稱為太師壁的屏風），三舅說這道屏風上下都是實木，中間是鏤空的雕刻，好讓客廳的採光不致受影響，客廳旁的窗戶形狀，是用泥土塑成的書卷窗。通常客人來訪，外公都在這裡會見，除了很親密的親人或貴賓，才會迎到裡面的大廳。

客廳旁有間客房，約二十多坪，選擇的是中日式的裝潢，挑高二、三尺處釘好木

我必須坦言，這棵被誤傳為明寧靖王手植的梅樹，其實原來是劉家宅院被拆除前遷走的。

頭框架後，上面擺放榻榻米，成為大通鋪，是讓來訪的客人暫時居住的地方。常有佃農來報帳時，會暫時在客房住上一晚。想一想外公有約三百多甲地，佃農們的來往頻繁，因此客房常有人暫住。

客房的榻榻米是屬於日式的，但上面的擺設則又是中式的。有個衣帽架（早年的衣帽架和現在並不相同，是橫桿式的，寬約三尺，兩側各有根高約五尺的木柱，下面有條墩子木，來客脫下衣服後就可搭在橫桿上，畢竟唐裝是寬大的），三舅說，那時為顯示家裡的品味，衣帽架還雕有精細的圖騰裝飾，在榻榻米上還擺放一個下方沒腳的梳妝台，客人只能到這裡為止，不能再往裡面走。

在那時候，客房到大廳主臥室還有一段距離，這就有如長輩說的「內外有分」。要進去真正裡面的大廳，必須關係非常親密，否則還真的只能待在外面的客廳和臥房。

百坪綠意造景庭園

進入大門後，則有一條鋪有六角形的紅磚走道，走道兩旁種有一排七里香和矮仙丹，修剪約二尺高，走道兩邊是一百二十坪大的庭院花園，但兩邊景觀截然不同。走道左邊是閩南式造景，右邊則充滿日式風味，但一年四季都有盛開的花草。

大門內左側的客廳和客房後面約十五坪大的花園，前半部種有一盆盆不同造形的松樹盆栽。每一棵松樹都有園丁將其雕成不同的形狀，再用鐵絲塑形，讓它成為預設的形狀。

這些園丁就如同藝術家般，除了每天在松樹園區雕塑著松樹，也將松樹依高低起伏擺成一片松樹林，而非制式的將每盆松樹一排排擺放。外公常常在這裡交代園丁該怎麼修、怎麼雕，這也是他生活上最大的享受。

雖然外公並不會親自動手，但看著園丁依他叮囑的方式雕塑松樹盆栽，讓他有一種莫大的滿足感。在家裡所需的家丁很多，單是院子裡固定照顧的園丁就有三個人，每天不見清閒，總是不斷修剪花木、打掃環境。

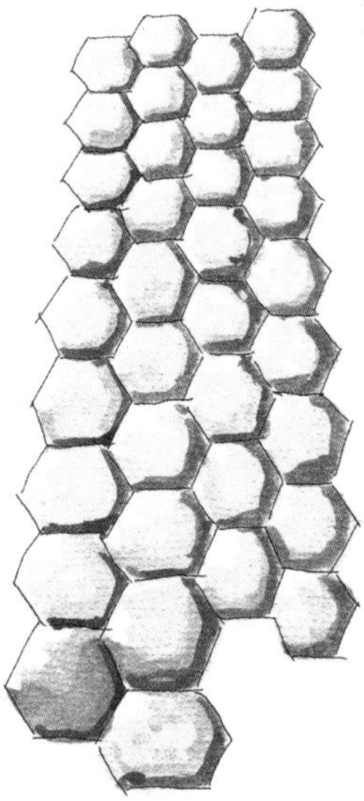

松樹區後面則用福州運來的一座大石頭做造景，旁邊則疊著一百七十公分高的四層高架子，用來培育蘭花，最高處吊著蘭花，讓蘭花垂吊下來，呈現濃濃的南洋風情。當年台灣照顧蘭花的經驗不多，而且是屬於昂貴的外來植物，園丁必須花很多時間在蘭花的培植工作上，為了要讓蘭花葉長得肥美，還得每天用布將葉子擦拭得很乾淨。

蘭花架後面用石頭疊成鏤空狀，對外公而言，蘭花區不單是培植蘭花，還要布置成一個造景，因為不同品種的蘭花會在不同時間開花，所以必須調整蘭花位置，呈現出充滿變化的景致。

蘭花欣賞區後面有幾張石頭磨成的凳子，外公和家人坐在凳子上，可以欣賞前面的蘭花、松樹，轉個身就又可以往後欣賞假山、鯉魚池，這個位在凳子後方角落處的假山造景區，約五、六坪大，假山是用各種奇石

疊成一樓高，聽說我母親小時候最喜歡在這裡跳來跳去，要婢女陪著她演「山寨王」的遊戲。假山的最高點石頭旁有一棵樹，母親喜歡坐在石頭上方，身體倚靠在樹幹上，她總說扮山寨王，有一種君臨天下的感覺，非常威風。

據母親的描述，這座假山做得非常逼真，所用的石頭都是福州運來的，每顆石頭都很巨大，假山中間還擺著很多奇珍異石。她小時候很喜歡在假山之間穿梭玩耍。我也曾聽三舅回憶說，假山旁邊有一個十坪大的鯉魚池，鯉魚池中間有一座石頭橋，可站在上面觀看鯉魚，他喜歡在橋上拿麵包屑餵鯉魚。池中間有一棵松樹，剪成烏龜狀，為了呈現烏龜的形狀，園丁必須得不定時修剪松樹，樹木剪成烏龜模樣，讓幼年時的三舅印象深刻，認為實在有趣，很可惜沒能讓我親眼看過。

鯉魚池雖只有十來坪大，裡面的鯉魚可是遠從日本運來的特殊名貴品種，池塘風格充滿閩南風味，鯉魚池旁的花園近五十坪，又有個大水池，水池是呈日式造景。靠近大門人字磚走道位置則有細細一條長約二米，寬約一米的通道，鋪著細碎石子，每天園丁還得用鐵耙子在上面耙出各種不同花紋，這裡可是阿祖最喜歡來的地方。

猶如置身自然森林

進入大門右側，是個假山、樹和水果林，這裡的假山中夾雜著樹和水果林，和左邊的單純假山不同，是樹木和石頭交錯在一起布置的，有一種置身原始森林的感覺。其間有一棵蓮霧樹，因年代已久，樹幹已經很粗大，竟然要兩個大人才能圍起，樹蔭也很大，樹下可以乘涼。

但在樹下休息時，可千萬別擅自打下它的果實來吃，因為阿祖很喜歡吃蓮霧，而這棵樹的蓮霧特別甜，可是外公特地為阿祖選來栽種的，園丁摘下蓮霧後就直接拿給阿祖品嚐，除非阿祖拿給孫子們吃，否則家中大小，連外公都不敢任意採食，小孩子再頑皮也不敢去採這棵樹上的果實。

過了蓮霧樹，是個大花園，裡面有張大石桌，石桌周邊配著一圈的石椅，讓全家人可坐著品茗聊天，這裡也擺有兩個大水缸，水缸裡養許多小金魚，後面一棵大梅樹旁也有小石椅，可以坐在那裡觀賞，大梅樹周圍則繞著一圈修剪成圓形的七里香。每當七里香花開時，是外公最喜歡的季節，這裡的樹都剪成圓形，好像一個個球狀，阿祖喜歡坐在那裡看家中一群小孩在花園裡跑來跑去玩耍的樣子。

燕官阿嬤說，阿祖常常要她帶著我母親和四姨兩個人到那裡，大人坐在石椅上休憩，邊看這兩個小女孩在草地上玩耍。偏偏母親是家中的異類，我的所有阿姨都像淑女般的溫柔，唯有母親一來到這塊接近外牆的假山區，總是不安分的爬著假山堆。燕官阿嬤說，因為每個石頭都是圓潤的，母親再調皮也只會摔痛屁股。那時候母親最愛玩的遊戲是集中地上落葉，扮起賣菜的小販，讓婢女們圍著她當成客人，陪母親玩起扮家家酒。

園裡還種有一棵高大的七里香，及一塊三個人才圍得起來，約三公尺高的大石頭。巨石的紋路很美，後來搬到延平郡王祠，現在則下落不明。園裡大石桌附近有個側門可通到外面，側門旁有棵龍眼樹，據說這棵龍眼樹的龍眼最甜，母親小時候常常爬到樹上玩。母親說，夏天靠在分岔的樹幹上，小小的身軀就卡在中間，享受微風吹襲，舒服得睡著了，也不用怕掉下來。

平常大小客人來家裡玩，都習慣走這道側門，這一百多坪的空間屬於花園，石桌旁有個一人高的石柱，上有個小屋簷可擺放蠟燭，模樣有點像日本神社的石燈。夜晚來花園可點上粗大的蠟燭，因為到了晚上，大夥乘涼或有人要散心，都會到庭院走走，所以在這裡面有兩、三個石燈，裡面擺著蠟燭，到了夜晚，家丁知道家中成員有人想去散步時，就會趕忙先來點燃蠟燭。

花園角落還有一個用竹子編成約二公尺長的花棚架，形狀可不是完全日本式，兩旁柱子是用竹子編成一格一格菱形狀的小格，寬約半尺，看來非常精緻。棚頂鋪著茅草當屋簷，是做造景用。花棚前有一棵福州運來的大梅樹，後來這棵大梅樹在房屋要被拆

除前，就送到武廟種植。

母親說，當年從福州運來兩棵梅樹種在宅院內，在老屋拆除時，全部移到武廟後院栽種，其中一棵在三十多年前枯死了。她回憶說，當初把梅樹送來這裡，附近人家還在梅樹上架了竹竿曬衣服，讓外公看了好不心疼。但不知怎麼的，近年竟然誤傳為明寧靖王手植梅樹，母親一家人認為，這種事她們也不便過問，畢竟已經把樹送人就無權再過問了。只是這件事在我內心掙扎許久，雖然梅樹來源的故事，讓這棵梅樹變得很有價質，但真相又何必被扭曲呢。

總括來說，進入大門中間走道，右邊的花園比較繽紛，充滿日式風味，左邊則是靜態的意境，行走在走道上，可以同時感受兩旁不同景致的風光。

考究精緻的大宅建築

走道末端就進入主建築的大廳，這裡的設計是墊高的，要走三個台階才能進入。進大廳前有條二公尺多寬的走道，是用檜木板搭建，上面有木板遮蓋的遮雨棚，家中都稱之為「步口」。

大廳步口左邊擺著一張藤編的搖椅，外公喜歡坐在藤椅上欣賞花園景致，步口前布置有日式枯山水庭園，枯山水是類似日本畫的形式，可說是大自然的瞬時縮影，當中的山是以石頭堆出山的意象，水則並非真實的水，而是以細碎石子平鋪做象徵，有時會用耙子刮出線條紋路，線條有時是直線，有時是波浪狀，還有同心圓形狀，展現水面因微風吹襲形成的漣漪。

枯山水是描述大自然某一個靜止的時間點，傳達類似禪意的寧靜，讓人看著心情靜止，因此當中選擇的植物多為不開花的樹，最常見的就是松樹，偶爾會配點草皮或苔蘚，讓人看了心情跟著沉澱甚至進入冥想。不種花是因為花在枯山水的庭園中顯得太過有生氣，無法表達瞬間停滯的情境。

檜木走道的右邊，在夏天會鋪上一張請專人編織的大竹席，讓家人坐在這裡乘涼，阿祖也喜歡坐在這裡吟詩。左邊有一張竹子編的藤椅，這可是外公最愛逗留的地方之一。他喜歡斜躺在藤椅上看書，或觀看著眼前的枯山水，每天園丁用鐵耙耙出不同的圖騰，這些圖騰有如流水般的變化，他不知道園丁每天會耙出什麼樣的圖形，但悠閒的躺在搖椅上，看著耙出圖騰的碎石子，對外公而言是種禪意，也是種啟示，對他而言，紛擾的生活在這時候是靜止的。

外人想走到這裡是很不可能的事，只有家中的至親，如姆婆是這裡的常客，還有

大舅、二舅出國前的合影。

外公的三姑婆。這位三姑婆我該稱為「三姑婆祖祖」的長輩，在我出生前三十多年就過世，我對她的認識來自於姆婆。三姑婆祖祖對我而言是既陌生又熟悉，陌生的是我未曾見過她，也不知她長什麼樣子，熟悉的是，從我懂事開始，我不斷的接觸到她早年的生活方式，小時候姆婆總會拉著我的小手，走路到「三姑婆祖祖」靜修的寺廟走動，當年照顧三姑婆祖祖的小尼姑，在這時也已經年長了。

氣派華麗的大廳

進入大廳，中間有個神案，案桌分上下桌，神案的上桌供奉著一尊觀世音菩薩，這也是祖先留下來的信仰。另有祖先牌位和祭祀的香爐、

燭台、薦盒（上面擺著三杯清茶），桌上兩邊擺著一對花瓶，案桌雕飾十分講究，桌腳刻有螭紋，螭紋有避煞作用，前面的木板雕有鏤空的大拜壽圖騰，是選上好的檜木製成；下桌則是一張八仙桌，所謂八仙桌是可圍坐八個人的方桌，八仙桌腳各刻有螭紋，大廳左右各擺著半邊桌，放在神案兩邊壁角，左邊的半邊桌上擺著大洋鐘，右邊則擺著三尺大的花瓶。

三舅說，家中的案桌是屬於翹頭案，案面兩端向上翹起，明朝時稱這款神案為「飛角」，桌腿的輪廓和形式顯得非常華麗，雕工極為繁複，整張供桌不用一根鐵釘，而是用卡榫鑲著。這張神案對外公極為重要，每天一早梳洗完就會來祭拜外曾祖父。三舅常說，外曾祖父在我外公小時就過世了，外公對他非常思念與尊敬。每天一早醒來就會先來此上香祭拜，就如同向父親請安問候般，外公每天從這裡的祭拜展開一天的生活。

大廳兩旁有著雕工極細的架子，擺著各式骨董當裝飾，兩邊也各擺著兩張靠背椅，就是大家說的太師椅。太師椅中間都擺有一張高腿茶几，上面雕刻盆栽、香爐、翎毛、如意，茶几桌腳雕有鏤空的螭虎圖騰，椅背則是鏤空的雕花。

三舅說，太師椅的椅背曲線極為柔和，雕空的部位是以石榴和蝙蝠組成

的圖騰。石榴代表多子多孫，蝙蝠則有祥瑞、避邪招福的意思。椅背的外圈有一圈竹節的雕飾，象徵節節高升，手把上雕著枵子龍和捲紋，枵子龍的圖騰則表示綿延不絕。

太師椅旁另擺幾張用黑檀木製成的圓墩，墩的周圍鏤空，上方雕有蝴蝶和花卉形狀，四個腳成圓弧狀，椅面上鑲有磨亮的貝殼，看起來富麗又秀氣，有點像一顆大金瓜，這張椅子後來由三舅拿回家裡。

有紅眠床的阿祖房

大廳左邊是阿祖的臥房，最特殊的是房間內有兩張大床，紅眠床是當年阿祖嫁進劉家時，外曾曾祖父準備的禮物。床的另一邊擺有一張雕工很漂亮的大床，是阿祖娘家親人來探親時住宿用的。只因當年阿祖被請回娘家之後，娘家的人對她的遭遇百般不捨與不放心，兄弟侄子們常來探望陪伴，所以在阿祖的房間內多設一張大床，就是供娘家的親人來住的。

房裡還擺有一張梳妝台，梳妝台的腿較短小，上面有個鏡屏，鏡屏上雕刻著香爐、盆栽、蝙蝠、如意，鏡屏中間有塊橢圓形的厚玻璃鏡面，鏡面旁雕有麻姑獻壽和

古時婚嫁，有錢人家都會準備上有朱漆的紅眠床，象徵喜氣。

葫蘆，接近桌面處則有枴子的圖騰，枴子有象徵綿延不絕，子孫萬代之意，下面有俗稱三斗的抽屜，抽屜表面鑲有蝙蝠。

房間角落還有個架子，上面擺著臉盆，還有一個衣櫃，當然阿祖的衣櫃雕工也很華麗，她的房間與一般女眷房間不同的是還擺了一張書桌，這是因為阿祖喜歡寫詩的關係。

當年老宅在家具上都頗具巧思，將很多吉祥圖騰雕在家具上，每件家具都是藝術品，所以當老屋凋落時，舅舅會將這些圖騰交給我當紀念品，家具的生命無法保留，但我還有幸能拿到一片圖騰當紀念，已經是極為榮耀的事。

走日本風格的外公房

大廳右邊則是我外公的房間，是屬於套房設計，房內有個約七十公分直徑的大水缸，裡面養著小金魚，也有個日本式廁所，母親回憶說，那時年紀小，還不會使用這種蹲式馬桶，有次到這間廁所就差點踩空。

燕官阿嬤說，母親從小就很頑皮，家中明明有兒童廁所，卻從不喜歡使用，只要內急就往父親的房間跑，也因為她有這個怪毛病，三舅只要看她怪怪的舉動，就知道跟在後面，一旦看她進入祖父的房間，就會尾隨進去幫忙拉著她，唯恐她掉進馬桶。

也許因為外公曾受日本人照顧的關係，外公房內擺設採日式風格，有一張大書桌，書桌的桌板下沿雕刻著簡易的花卉圖案，兩邊有螭虎，有避邪功用，桌前雕有琴棋書畫，中間則有麒麟雕飾，三舅說，這是表示外公生活的情趣，也象徵著他淡薄處世的精神。這張桌子後來放在三舅家，後來桌子損壞，三舅將麒麟送我當裝飾品。

房間右側外面還做了一個日式造景，旁邊空地種了一棵梅樹，外公特別偏愛梅花，這棵梅樹據說也是從福州運來的，梅樹旁有小門，有時候外公會由此小門經過屋旁長長走道，再從側門出入，家中的孩子不知道外公已經外出了，以為還在房裡，也就不敢「造反」。

有黑檀木圓桌的大餐廳

大廳的後方就是家中的餐廳，中間擺個七尺大的圓桌，由於家中人口眾多，所以餐桌特別大，這張黑檀木做的大圓桌，雕工極為精緻，大餐桌是給女眷和小孩用的，旁邊有個較小的圓桌，則是外公和阿祖兩人吃飯時共用的，外婆則不在這張桌上吃飯，而是陪著小孩們一起用餐，後來這屋子拆掉後，這張桌子擺在外婆家裡，我小時候曾經見過這張桌子，烏亮且有股淡淡檀木香氣。

餐廳左側牆角放個冰箱，冰箱可不是插電的，每天一早就有工人會送來一大塊厚重的冰塊，放在冰箱下層，牛奶工人也會送來一瓶瓶牛奶，放到冰箱裡冰著。冰箱旁則疊滿了一箱箱的彈珠汽水，旁邊還用繩子綁了一個按壓彈珠汽水的木棒，這種彈珠汽水在當時可是時髦的飲料，瓶口不是用瓶蓋，而是用彈珠封口，要喝汽水時就用木棒朝汽水口的彈珠按壓，將彈珠壓進瓶子裡面，才能吸飲汽水。

由於外公的好朋友開了間製作彈珠汽水的店，外公為了支持好朋友，每次都會買一堆汽水回來，這可樂了家中的孩子，經常有彈珠汽水可喝。

餐廳中間有道玻璃門，可通到後面的小庭院，這道玻璃門在當時可是很少見的，坐在餐廳就可透過玻璃門看到小庭院的狀況。這個小庭院是四方形，地上鋪著柏油，四周邊緣有小水溝用來排水，這裡是供孩子跑步、玩耍和打球的場所。

在餐廳左邊有男、女廁和浴室，這裡的建築和日本式浴室建築一模一樣，除了男廁、女廁分開，還有一個小型的兒童廁所。浴室有個門可以通到餐廳，浴室的地上用木頭釘成一條條，可讓水流到外面，浴室盡量保持乾燥，浴室中間有個大木桶，每到洗澡時間，家丁會在大木桶裡注滿熱水，旁邊有個小椅子可以坐著，將桶裡的熱水舀出來沖洗，洗澡可是依輩分進來使用，每個人洗完澡出去時，家丁會進入巡視是否需要添加熱水。

餐廳右邊中間有通往灶房的通路，灶房裡有個大房間，裡面放有大菜櫃，廚師在灶房做好菜後，會先送到菜櫃裡擺放，用餐時佣人再由菜櫃端著菜通過進入餐廳的門，將菜端到餐桌上供家人食用。

因母親家有十三個兄弟，存放菜的菜櫃不大也不行，菜櫃旁有個半人高的大甕，裡面裝了很多米，所以這個空間等於家中的糧倉，只擺放東西，並不是煮菜的灶房。

這個放大菜櫃的房間和外公的房間中間隔了一條走道，走道兩旁分別擺著菜櫃和精緻的碗盤器具，佣人可經由此走道通往外面，走道盡頭有個小門，是佣人出入使用的，也因有這條走道和大菜櫃房間的隔離，灶房的吵雜聲並不會吵到外公休息。

餐廳後面有個玻璃做的門隔離，可以透過玻璃看到後面水泥地的小庭院，小庭院右邊則是灶房，進入灶房可看到四個大灶，其中一個灶上有兩個大鼎，旁邊則有烘爐，上面放烤架，當廚師要烤金錢肉和外公喜歡的味噌魚時，可以用來烤魚、烤肉，灶房牆角則擺滿用來煮食的木頭，每隔一段時間，工人會從廚房側門送來木頭，堆放在灶房裡。

灶房裡擺著長板凳，是家中婢女、家丁的休息場所，中間一張大木桌，擺著料理好的菜，平常家丁、婢女休息時也可以在這裡聊天，這裡可是母親最喜歡溜達的地方，因為她知道廚房裡總是有不少的美食可吃，她也好奇婢女和家丁平常在做什麼事，不要看母親一直維持標準身材，據說母親小時候的綽號是「大象」。有一次，三舅還唱了首取笑母親的招牌歌「大象、大象，摔倒爬不起來」給我聽，這是我和三舅之間共同分享的笑話和祕密。

小庭院左邊是婢女的房間，外公重視婢女的生活，床鋪是打通鋪方式設計，上面擺有一個日本式衣櫥，可以收藏棉被和衣服，另有一張桌子可以放生活用品，還有一個梳妝檯，畢竟女孩子不能不化妝，另有個小櫃子可以存放個人珍貴的東西，因婢女平日不常回家，有貴重東西可以先存放著，要回家時再帶回去，另因不能共用廁所，房間還放有尿壺。

雅致清新的女兒房

婢女房間後面有個女兒房，是家中女兒住的，採日式設計，全部是日式榻榻米，靠左側有個七尺長、上面有雕刻的大衣櫃，右側有化妝檯，另一邊則還有一個擁有四、五片拉門的日式衣櫃，畢竟女孩子的衣服總是比較多。靠後院的牆壁則有個窗戶，可由窗戶看到後院，窗戶旁有個櫃子，櫃子有一層層的抽屜，供女兒們放置自己的東西。

女兒房前面是書房，擺設鋼琴、風琴、書桌，鋼琴和風琴是在薰陶孩子們對音樂的興趣，鋼琴下面擺了個大木頭平台，用來墊高鋼琴，每次大姨彈鋼琴，母親就會臥躺在鋼琴下的平台上聽音樂聲；另有三張書桌是孩子讀書使用，其中一張

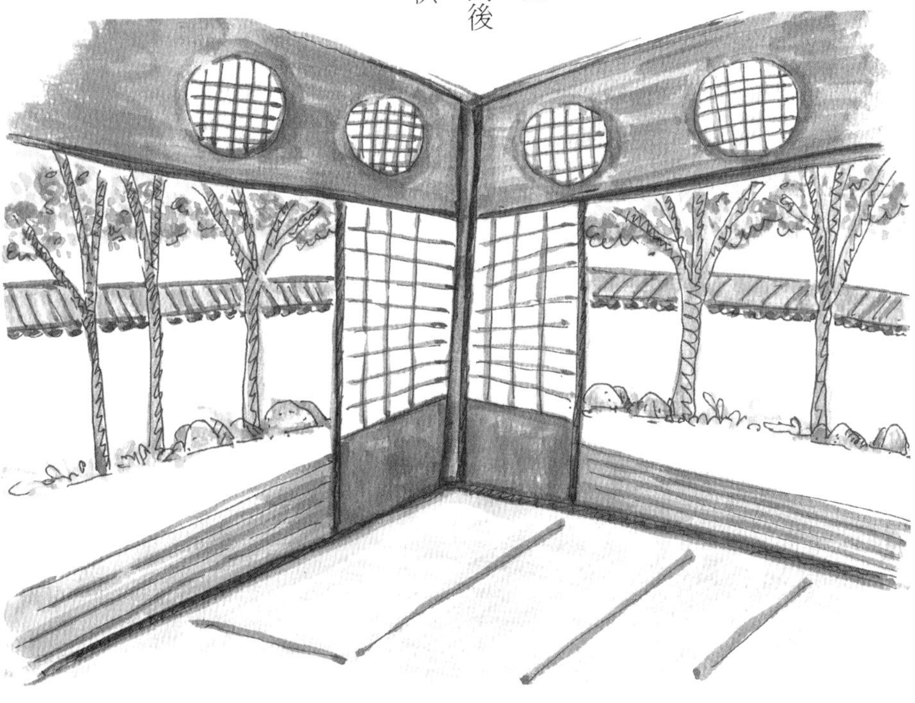

是母親的「特別座」，因為母親比較頑皮，每次讀書時哥哥們就會強迫她坐在旁邊，拿紙張讓她畫，不要她到處亂跑。我小的時候舅舅們總覺我不像母親的小孩，因為母親小時候調皮搗蛋，不像我是守本分型的。這個書房還有一張長方形大桌子，可供八個孩子一起讀書使用，房間還有個大櫃子，放著棒球、球棒等運動器材。

日式榻榻米男兒房

庭院右邊是男兒房，是墊高的榻榻米房，裡面放有茶几、日式衣櫃及放運動用具的櫃子，因為外公認為台灣比較潮濕，若不墊高，孩子貼著地板睡恐怕不適合。

外公注重家中孩童的健身，在屋子最後面闢個健身場地，他很鼓勵孩子們從小就練單槓，在空地上搭起單槓，單槓區還分大、小兩種單槓，右邊還有沙地讓大家練習跳遠，單槓區右邊有個鋪木板的走道，約有三米寬，走道後面有間兒童室，是奶媽帶著年幼孩子居住的地方。

這條木走道稍微墊高，因為孩子怕高，在兒童室的孩子到了這裡，就不敢任意走動，有嚇阻孩子不要亂跑的作用。兒童室入口處有一片片的日式拉門，白天將門拆下來，讓孩子進出，晚上則將拉門裝上去。

角落處的兒童室

兒童室裡也有條軌道，可以用拉門將兒童室分隔成兩間，用來隔離感冒的孩子，避免孩子在一起玩產生群聚感染，也可以將拉門打開成一大間，有時候幾個比較會吵鬧的孩子也會被隔開，讓奶媽可以輕鬆的帶幾個孩子。

因為外公認為小孩子愛吵鬧，而外公和阿祖都怕吵，所以就將兒童室安置在整棟房子的最角落處，幾乎七歲以下小孩都和燕官阿嬤住在這裡，才不至於打擾到別人。室內有很多日本運來的漫畫書，還有好幾個用木頭釘的木櫃格子，裡面放著兒童的衣服、玩具，孩子從小在這裡訓練規律，因兒童室和後院有個木板走廊相隔，母親小時候常坐在走廊上看三舅練習跳遠、吊單槓。

空地後方有個看台，有樓梯可通往看台，看台上還圍有欄杆，以免小孩子在上面戲耍時跌下來。這裡較接近赤崁樓，可以從看台眺望赤崁樓，外公也可以在看台上觀看這群孩子的運動情形。因為屋子最後面靠近成功國小，有時候也可以看到國小裡小學生的活動情形，還可以看到別人家的屋頂，家裡的家丁常在晚上在此地巡視有無小偷。

看台下面有個後門，是家丁奴婢出入使用，平常人不走這裡，連送貨的也不會走這裡，家丁們如要回自己家辦事就從這裡出入，後院還有個廁所，是供奴婢家丁們使用。

庭院左邊種有玉蘭花、枇杷樹、釋迦樹，這棵釋迦樹的果實雖不像現在改良過的品種那麼大顆，但果實也都是送給阿祖吃，其他人不敢動它。只可惜這棵釋迦樹每年結果並不多，偶爾才會足夠供大家享用，否則都只送給阿祖食用。

備有專業洗衣婦、廚師

大樹旁邊有一塊近兩人高的大石，這塊大石頭旁有個地方是專門用來洗衣服的水槽。家裡有個專門洗衣的婦人，裹著小腳，每天將衣服抱到大石頭旁，坐在小石頭邊洗衣服，洗完後再差奴婢將衣服曬好，她做的可不是奴婢的工作，而是因為她洗衣服很專業，專門請來幫忙洗衣服的。

和這位專業洗衣的婦人一樣，家裡也有位專業的廚師，是位裹著小腳的婦人，手藝一級棒，只負責掌鼎炒菜，切菜、剁肉的工作則由奴婢、家丁負責。

洗衣大石頭旁有棵柳樹，母親和小阿姨最喜歡在下雨天時，請舅舅們幫忙折小船，讓她們放在這處低窪水池飄浮。大姨在下雨天也會幫妹妹們做晴雨娘（晴天娃娃），讓妹妹們唱著日本兒歌，祈求晴雨娘能讓明天是個好天氣，然後將晴雨娘掛在柳樹上，這也是母親對童年的快樂回憶。

這棟老宅院雖在光復前就被拆掉，我無緣一睹其風采，但從三舅不斷的回憶裡，我好像活生生地在那飄渺中的屋子住過般，三舅這輩子對這棟屋子念念不忘，也揮不掉過去那一段美好時光的回憶，所以才會不斷呢喃著，想讓我更了解他過去的生活點滴，以及對這老宅院的悠悠思念。

三姑婆祖祖

每年入秋之後，姆婆就會來家裡和父親商量，要帶我到寺廟住兩天，姆婆在這兩天會不斷談著當年的往事。據說我們住的房間，可還是當年三姑婆祖祖當年修行時住的臥室，我們在那兩天也要跟著吃素，可能是吃素的關係，我比較容易餓，因此每次要去那邊過夜前，姆婆就會買一些小西點帶著讓我解飢。

我發現這間寺廟的早餐最好吃，白米清粥配著醬菜，清淡中卻很爽口，說也奇怪，各種不同的蔬菜，如蘿蔔、筍子、大頭菜等，只要是蔬菜生產過剩時期，寺廟的人就會買來醃成一甕甕儲存起來，同樣的蔬菜，他們醃出來的就是比外面好吃，我在那裡生活的日子，每天早餐就是四、五碟醬菜吸引我，而我竟然能夠配著醬菜吃下一整碗稀飯。

我從不敢問姆婆這一天是什麼特殊的日子，非得來住不可，只感覺到姆婆在這一天，總是帶著一種緬懷的神情，而且在這一天，不只姆婆會來住兩天，有些長輩的親戚也會來走走，甚至會來敲我們的門進來坐坐，話題則總是圍繞在三姑婆祖祖身上。時至今日，我還是覺得三姑婆祖祖是位很奇特、又很值得被敬仰的人，因為她離世已三、四十年，大家每年還是會來她住過的房間住上一晚，思念著她。三十多年是個不算短的時間，姆婆也從年輕的媳婦變成家族中的長輩，但是這一天，大家都會來這裡相聚並懷念著。

姆婆說她當年嫁進劉家時，我三姑婆祖祖是她夫家的姑婆，那時已六十多歲，最疼我外公，因為姑婆祖祖是我七世祖劉德元的三女，我七世祖生有四個孩子，三子飛鵬因為二房的堂弟沒有出嗣，就過繼到二房，這位劉飛鵬祖祖育有四個孩子，可是原來五房的二哥劉夢熊卻沒有子女，飛鵬就依家族風俗，將自己的第三個兒子劉永貞過繼給二哥，劉永貞就是我外曾祖父，我三姑婆祖祖就是永貞阿祖的親姑姑，她在永貞阿祖墜馬過世時非常悲痛，據說那時她已到寺廟當俗稱的「菜姑」，在得知我外公離家不知下落，讓她非常傷心，直到外公事業有成，到台南置產，她一有空閒就到家裡來看看疼愛的侄孫一家人，順便和我阿祖聊聊天，阿祖對這位姑姑可是非常尊敬與照顧。

我三姑婆祖祖年輕就到寺中當「菜姑」，不過她雖然出家，卻沒削髮，穿著一身台灣衫和一件寬大的長褲，裹著小腳。據説三姑婆祖祖氣質頗佳，到現在我們這些孩子還無法與她相比擬。沒有人知道她為何會選擇過出家念佛的日子，只知她從未削髮，也不曾穿僧衣，只是選擇在寺廟度過一生，家人尊重她的意願 但對她的照顧卻沒停止，還為她聘了一位車夫，這位車夫每天一早就騎著三輪車到寺廟前等候她的差遣，看這位裹小腳的姑姑想去哪裡就載到哪裡。姑姑對外公很疼愛，經常會到家裡來看看，也順便和她的侄媳（我的阿祖）聊天，偶爾也會在家中小住，她留下來一定睡在阿祖房間的另一張床。

她生前常説「姑疼甥，是因同姓的關係」，因此她對我永貞外曾祖父有著如同自己孩子般的感情。每次她回家走動時，我阿祖總會差廚房多準備些素食款待，阿祖生前常説，「吃素不能隨便，倘若只是為了吃素而造成營養不均，那吃素食有什麼意思？若為了信仰而需要吃素，家人就必須付出更大的愛力挺，所以要家僕一定要利用食材的特性研發好吃又營養的素食。」

2 大宅院的飄香味

是哪些味道讓我三舅思念了一輩子，是哪些滋味讓大宅院的香氣久久不散？三舅對舊宅院味道的懷念常常溢於言表，他常常講到那些菜是如何做，滋味如何美，每次都講到我覺得快要掉口水了，其中有些菜我也會學著去做，還原它的原貌，吃起來味道果真很不一樣呢。

三舅記憶中的大宅院美味

鹽焗胡椒雞

我記得三舅以前常說，他小時候一入秋，阿祖就會差佣人至中藥房磨上等的胡椒回來，殺好的土雞從胸口剖開，用刀背敲打背部，讓整隻雞攤平，然後將現磨的胡椒均勻抹在整隻雞上，拿一個鼎，先在下面鋪著厚厚一層粗鹽，用筷子在粗鹽上面重疊擺著，再將雞擺在筷子上，用鍋蓋蓋住開中火焗烤，正反面各要焗烤四十五分鐘後即可上桌，成為香噴噴的鹽焗胡椒雞，這是他心中的一大美味呢。

據說這隻鹽焗胡椒雞，肉汁飽滿，

帶著微辣的胡椒味，會讓人吃到欲罷不能，特別開脾胃，若能配白飯，是不錯的選項。只可惜在他們劉家，每次做起來都是當孩子下午的點心，用來讓孩子們補身子用的。

說也奇怪，我曾經依法泡製，然後我發現若不選上等現磨的胡椒，而只採用普通胡椒粉，做出來的鹽焗胡椒雞效果差距很大。時至今日，我也會去老牌的漢藥店，買現磨胡椒粉來做這道鹽焗胡椒雞。

花開富貴

阿祖最喜歡讓廚師做「花開富貴」這道甜點給大夥兒吃了，廚師會先將糖炒到融化，經過焦糖的步驟，再加水熬煮，熬到糖香四溢為止，然後加些木耳、花生、桂圓肉、蓮子，起鍋前再灑些桂花瓣就大公告成了，這一道甜點可是阿祖的最愛。

綠豆粿

還有一道甜點是外面坊間吃得到的「綠豆粿」，將綠豆磨成粉後加水蒸，就成為坊間吃得到的綠豆粿，但是阿祖則會要求廚師在綠豆粿中間夾著熬好的蓮蓉，灑上一點桂花葉，上面再鋪一層綠豆粿，將蓮蓉、桂花當成夾心，然後切成菱形，一塊塊用小盤子裝著端給家人吃，好看又好吃。

補藥燉鴿子

三舅常跟我說，當年的鴿子不是拿來賽鴿用，而是拿來食用，當家丁捕來或外面拿來賣的鴿子，會先宰殺滷過，再炸酥脆，咬起來很香、很脆，常常連咬不動的骨頭都會用力啃著，為的是要嚼出裡面的湯汁。不過鴿子拿來，不會每次都會滷過再炸，有時候阿祖會差人抓些補藥燉鴿子，為孩子進補，從小就是要將孩子的身體調養好，這可是劉家的規矩。

炸肉仁

另有一道特殊的菜「炸肉仁」。這道菜現在人可能不敢吃，我也不贊成大家吃，它是取里脊肉上面的一層肥肉，俗稱為「肉仁」，這種肉仁炸出的豬油最適合拿來做糕餅。

在做炸肉仁時，會將一塊塊肥肉切成指頭般的長度，用麵粉加鴨蛋攪拌成蛋糊，肉仁先沾上一層麵糊後下鍋油炸，起鍋之後沾點胡椒鹽，吃起來很脆，在吃的當下並不覺油膩，反而覺得爽口，這層肥油肥得又脆又有絕妙滋味，在那個時代，大家的飲食文化比較清淡，這道炸肉仁在生活上也可算是營養補充品，但時空變了，現在吃慣大魚大肉的我們，平常營養就過剩了，這道菜就讓它「功成身退」，不必再做了。

炸香蕉蝦仁

反而有道「炸香蕉蝦仁」，在這年頭我還會做，選的是半熟的香蕉，切成一片片五公分長，將蝦仁剁成泥，加點鹽、香油、蛋白攪拌後，夾在兩片香蕉中間，裹上鴨蛋拌過的麵糊，下油鍋炸，在夏天吃起來很清爽。

上面的這些菜都是三舅對舊宅院菜色的懷念，他常常講，每次講我都會覺得要流口水了，而有些我也會學著去做，還原它的原貌，吃起來味道真的很不一樣呢。

炸蚵袋

我還依稀記得三舅曾說過一則當年上菜時的新鮮事。家裡有一道「炸蚵袋」，這道菜是用兩片九層塔的葉子做十字交叉疊法，中間包了一顆蚵仔，再用燙熟的韭菜將它捆綁，不沾粉直接下油鍋炸，九層塔被炸得葉子變透明，看得到中間的蚵仔。由於是大火炸又逼過油，九層塔的葉子只有酥脆感卻不帶油，九層塔葉咬起來極為酥脆，會發出咔滋咔滋的聲音，裡面的蚵仔卻是鮮嫩帶些天然海水味。這道菜要趁熱吃才會好吃，每次做好這道菜時，廚師要趁還酥脆時趕緊上桌，卻又不得不守規矩要先繞到菜櫃再出菜，所以總是看到廚師從廚房端出來衝進菜櫃處，快速開一下門，象徵已將菜送到菜櫃處，然後再趕緊將菜送上桌。

紅燒豬尾

還有一道讓三舅念念不忘的菜是「紅燒豬尾」。那時廚師做這道菜的功力，時至今日仍沒人能夠超越，豬尾是先拿來剁成一截一截，在熱水中稍微川燙後，用大量的

上——酥脆不油膩的炸蚵袋得趁熱吃才好吃。
下——讓三舅懷念不已的紅燒豬尾。

涼水不斷沖洗降溫，讓豬尾的肉變得很Q，然後將豬尾過油，放到鼎裡加冰糖、醬油紅燒後收汁。三舅常說，每次紅燒豬尾一上桌，表面上雖沒有人敢搶，但卻會私下埋怨吃得不過癮，舅舅們都恨不得廚師送給大家每人一盤，而不是全部的人只吃一盤，可見它好吃的程度有多少。

燕官阿嬤的手路菜

冬菇炒淮山

年輕時的燕官阿嬤會燒一手好素食，最博得阿祖喜愛的是一道「冬菇炒淮山」，據說這道是我阿祖娘家帶來的素食，巧妙的以中藥淮山入菜，先將淮山浸泡蒸熟後備用，油鍋裡先將香菇爆香，再快火將蒸好的淮山和枸杞加鹽快炒即可。

素甜菇

還有一道我自己也很喜歡的素食，據說這道菜也贏得當年我那位出家的姑婆祖祖的喜愛，就是將厚實的香菇泡過水，切寬條，沾點麵粉下油鍋裡炸得香酥才撈起，然後在鍋裡面加點油、糖和醬油煮開，這時候醬就有點粘稠，再將炸好的香菇下去拌炒，起鍋之後擺盤灑點白芝麻，據說這道素甜菇常常讓我姑婆祖祖多吃幾碗白飯。

煎香腐層

另一道「煎香腐層」也傳為佳談，這道素菜是先將豆腐加鹽、香油搗碎成泥，將豆皮鋪在盤上，上面壓一層半公分高的豆腐泥，再擺上一張海苔皮，又鋪上約半公分厚的豆腐泥，然後用最底層的豆皮將這些東西裹起來，成寬約五、六公分形狀，整個豆皮沾粉漿後炸過，成為「煎香腐層」，炸好一整條的香腐層有兩種吃法，一種是切厚片後沾胡椒鹽吃，另一種則是切片後擺在盤上，用四季豆加糖醋醬勾芡淋上。

炒什錦

「炒什錦」也是手路菜，這道菜是將香菇、金針、筍絲、黑木耳、紅蘿蔔絲、豆皮、豆乾、榨菜、芹菜、豆芽菜，依序放到鍋裡面爆炒，加麻油和鹽就可上桌了。燕官阿嬤說，這是早年最簡單的素菜，就是將家裡所有的蔬菜拿出來炒就行了。

不過燕官阿嬤也提醒，「人人可以炒這道菜，但好不好吃就不一定了」。這道菜的重點就是炒菜時要注意火候的控制，控制得好，炒出來就是最好吃的素菜，她對做菜常說一句話「做菜說難並不難，反正煮熟了都可以吃，但不用心做的菜，只能硬著頭皮吞下去，用點心精心的做，則可博得滿堂彩，吃不是為了飽而是吃巧」。

上——傳為佳談的煎香腐層有兩種吃法。
下——早年最簡單的素菜手路菜——炒什錦。

漫步紅樓古街

我小時曾聽阿祖說，赤崁樓原先離海岸線並不遠，後來是因地震造成地殼變動，加上河道淤積，海岸線才往外移。現在我每到水仙宮前的景福祠，就會站在那裡看著前面的道路，遙想一百多年前這裡可是港口，前面的道路原先是河道，每年都會在這裡舉辦划龍舟比賽，度小月的開基祖先每天會挑著擔子到廟前擺攤賣擔仔麵，所以我喜歡站在這裡遙想居民當年生活的樣貌，走在曾是河道的街上，深深體會這種物換星移，滄海桑田的感覺，常讓我在這時最能深刻體會這句話。

神農街是台南的古街，現在開發得非常好，成功保留不少老房子，很難想像神農街尾端協進國小再往西的地方，以前可都是漁塭。現在十分繁華的五期重劃區，在我二十歲時卻也還是大片漁塭地，短短三十年，當年一塊塊的魚塭都變成一棟棟高樓大廈，地形的變化在台南的確很有趣。

就如赤崁樓前的民族路是一條平順的道路，行走其間不覺得地形的高低起伏有多大，我喜歡帶朋友走街，也常常從武廟旁走到巷弄裡，讓大家體驗台南地形的變動有多大，台南的大馬路上，幾十年來不斷翻新鋪路，路面越墊越高，大家已無法體會到為什麼北極殿會是台南的最高點，所幸台南是古老城市，巷弄內改變不算大，走進巷弄還是可以發現近一層樓高的高低落差。

我最喜歡拐個彎到小巷弄內逛逛，在這裡看不到觀光客，狹窄的巷弄裡可能只有我一人，在這裡，時空彷彿還凝結在過去。我在這裡走著走著，看到一棟不到三十坪大的殘破古厝，屋頂早已不見了，只剩下殘破的牆壁隔間，很難相信這裡當年可是住了七戶人家，每戶約只有三張榻榻米大。

我和八十歲的老鄰長聊著，才知道這些人保留著早年的移民精神，只有睡覺時才會回房間裡，找個地方能躺下來就可以，住家的功能只有住和清洗、吃飯的地方，若沒事就到廟埕閒晃聊天，有時遇到老鄰長，他都會講些早年的故事與我分享，殘破的屋子早已人去樓空，似乎還在訴說著它的過往。

第三章

我的阿祖

當年年近九十歲的阿祖
總會將灰白的頭髮梳個髻，
上面插了一根黃金鑲嵌翡翠、點綴著瑪瑙的頭簪，
身穿一席黑色短衫長裙，裹著小腳，
她喜歡坐在房門外曬太陽，
常差我到庭院摘玉蘭花，放在房間的小碟子裡，
興致來了就會吟唱著詩句。
我從小就領略到和阿祖之間的緣分很濃，
那是一種超越時光歲月的感情聯繫，
和阿祖在一起的時光，自在又幸福。

1 巴洛克洋樓

外公家的巴洛克洋樓，在中間那棟一樓，有個ㄇ字形的大型檜木雕工樓梯，出入口則在第一棟和第三棟兩側，可以從兩側上樓，走到一半時再往左右兩側往上抵達二樓，樓梯上方則是挑高的，但是在二樓有個平台，所以女眷們可以輕易地從平台上偷窺是誰到訪。

外曾祖母的家是棟巴洛克式的洋樓建築，那是當年外公蓋的，屬於三棟相連的二層樓磨石子建築，占地一百多坪。在最左邊接近巷子的三角窗這棟的一樓，是用來留給大舅自日本回來開業行醫用的。中間則是客廳，用來接待賓客，而右邊那一棟則是家眷的私人空間，裏面擺放鋼琴、桌、椅等等，外人無法隨意進來，算是屬於家人私用的客廳。

整棟建築的雕工與安平的王雞屎大宅院的手工極為相似，王雞屎古厝（註1）目前還在，我曾經獲邀進去做客並參觀，當初那棟古洋樓並非都出自同一名建築師設計，它的前棟建築的建築師其實和蓋我外公家的師傅是同一人，因此在許多建築上的細節極為雷同，只是王家算是單戶單落，而我外公家則是三戶連為一體。

外公家的洋樓，在中間那棟一樓，有個ㄇ字形的大型檜木雕工樓梯，出入口則在第一棟和第三棟兩側，可以從兩側上樓，走到一半時再往左右兩側往上抵達二樓，樓梯上方則是挑高的，但是在二樓有個平台，所以女眷們可以輕易地從平台上偷窺是誰到訪。

當時年紀還小的我，最大的樂趣就是坐在平台上偷聽大人們在客廳講話，不過我通常是不會輕易上二樓，因為二樓有很多房間，只要一上樓被大人發現就得被抓去睡午覺，而年幼的我自然是不喜歡午覺的。在這個樓梯的後面還有個大廚房和餐廳，及兩個小房間供佣人住，男女各一間房。

註1

安平王雞屎宅建於昭和十二年（一九三七）年，為當時安平最豪華的宅邸之一。屋主王氏當年以經營鹽業貿易致富，因而興建此宅，在安平閩南風格為主的城鎮風貌中，顯得極為特殊。日治末據說二次大戰時，美軍軍機只要看到這幢醒目的建築，就知道已經飛到台南上空，就開始投放炸彈，日本政府為防止洋樓太過於醒目，強制漆黑，目前已逐漸剝落，可看出房子過去白色牆壁的痕跡。王雞屎宅旁，還有特別的石椅，此石椅乃為早期往來黑水溝的船隻的壓艙石，在安平的住宅中可常見此壓艙石。

孝順的外公也特地在洋樓建築的後面蓋了一間約三十坪大的房間讓我高齡的阿祖居住，後院的建築風格則是傳統的閩南建築，阿祖雖住在這棟緊鄰大天后宮的二樓巴洛克洋樓的後院中，但是心裡卻老是懷念著之前在赤崁樓旁的那個老宅，那是在台灣光復前遭日本人拆掉的大宅院，三舅常說阿祖雖出生在嘉義，嫁到柳營劉家，但從小她的夢想就是要住在府城，而且最想要住在赤崁樓附近，因為赤崁樓是當時台灣最早的政治經濟中

心，也是她心中的聖地。

所以當有天我外公的事業發跡後，就在赤崁樓旁蓋了一棟閩南式的建築大宅院，所有的建築和花園裡的奇珍異石，都是打從泉州運來，而且還花重金自大陸聘來一批工匠來負責興建，可惜這座大宅院在日據後期，由於太接近赤崁樓了，宅院目標過於明顯，而被日本人強制徵收拆除。

聽長輩們說，那老宅院被拆除的那一天，阿祖心痛得昏暈了好幾次，後來這塊土地在台灣光復後變成了康樂台，現在則是寬敞的停車場，而阿祖住在後來外公蓋的巴洛克建築的後院後，即使有事出門，也絕對不向右看，因為她實在不想再去面對那個舊宅院無端消失的傷痛。

2

紅眠床

紅眠床對阿祖而言，意義最重大，因為從我外曾祖父出生時，他的家人就開始為他打造這張紅眠床，是對孩子出生的期許，而這也算是他們夫妻之間的定情物，所以阿祖格外珍惜。

在巴洛克建築的後院中三十坪大的房間是阿祖居住的地方，但是後院的建築風格是傳統的閩南建築，時空在那兒就彷彿凍結在清朝時代。而那個大房間古色古香，完全找不到一件現代的東西，而其中就屬那一張朱漆的大紅眠床最為顯眼。床的旁邊有一個茶几、扶手椅、落地梳妝台、臉盆架，這些都是原木打造的，雕工非常精細，圖案更是繁華，而地板則是鋪著大片紅磚，我小時常常在紅磚上面玩跳格子遊戲，阿祖總是笑咪咪地隨著我，不會阻止。

阿祖曾說過，這張紅眠床對她而言是意義最重大的家具，因為從我外曾祖父出生時，他的家人就開始為他打造這張紅眠床，是對孩子出生的期許，而這也算是他們夫妻之間的定情物，所以阿祖格外珍惜。

漆上紅漆討吉利

依照台灣習俗，娶媳婦時必添一張漆上紅漆的新床討吉利，「有紅眠床才夠看頭」。而在早期有些大戶人家更會在兒子一出世後，即會請唐山師傅渡海來台雕製紅眠床。普通人家的紅眠床周邊以素面為主，有錢人家的紅眠床則雕刻俗稱枵子龍的圖騰，還有石榴、葫蘆、蝙蝠、花瓶、鹿等等各種吉祥圖案。每個雕飾都有其吉祥含意，床上一角還雕個香爐，代表香火傳承，圖雕做工可以說是極盡奢華，紅眠床的意義，不僅是夫妻休憩之處，更多的是長輩對新婚夫婦的期待與祝福。

大戶人家的紅眠床一定都是選上好的木材製作，上面雕龍畫鳳，好似一件藝術品，早期請唐山師傅渡海來台雕製紅眠床，由於當時交通不方便，建材不易取得，唐山師傅大都住在主人家專心雕製紅眠床及做些木工，所以紅眠床製作時間都很長，有的甚至要做到小主人長大訂親才能完成，作工之精細繁複由此可見端倪。

師傅對紅眠床的製作只能用「精雕細琢」來形容，除濃厚的喜氣外，周身雕飾八寶、石榴（象徵多子）、牡丹（象徵富貴）等吉祥圖案，床前上沿以朱漆為底，雕龍紋的部分，則以黑色襯托金色方式呈現，顯得文雅脫俗，成品之細緻令人嘆為觀止，讓紅眠床除了休憩功能外，更可當成藝術珍品來觀賞。

據長輩們說，台灣民間把睡覺用的大床通稱為紅眠床，是因為漆成朱紅色而得名。「紅眠床」又可分為四柱床和八柱床兩種，八柱床腳為「新娘床」，四柱床則是新娘未出閣時所睡的「阿娘床」。

紅眠床通常三面有圍，四角立柱，上有頂棚，頂下四周通常還有橫楣，結構有雙層，內層掛蚊帳，外層雕花紋飾。大陸南方因它有四根柱而稱為四柱床，但台灣一般說法是八腳眠床，八腳之意有兩種說法，一是指床的結構共有八支腳，即兩組床架組合而成；另有一說法是指除四面圍之外，還要有罩在外面的頂棚花罩，形成完整的方形結構，因此內架、外罩共有八根立柱的關係，而稱為八腳眠床。

紅眠床的質地堅硬而且耐用，製作過程完全不用一根釘子，全靠榫卯技術完成接合，以前的床都是平板的，冬暖夏涼，床上有木架，以張掛蚊帳。紅眠床前面有塊活動踏板，拿掉踏板之後的那層，就是給婢女睡的，有「隨伺在側」之意。每次我想依樣畫葫蘆的躺在踏板試看看，阿祖總是不准我們這些曾孫輩的玩這個遊戲，她說，因為我們不是婢女。

姆婆也曾告訴我，從紅眠床的外型就可分辨紅眠床主人身分，主要就是看它

坐在古椅看古時的兒童藝品。

的「床腳」，如果上面雕有獅子而且雕工精細，就表示主人是「元配」而不是「細姨」。

在阿祖房間的角落還有個三角形的木製洗臉台，上面雕著花，下面三隻腳，最底下離地五十公分處釘個十字型的架子可以放東西，上面一個圈圈，平常是空著，當汲水倒進塘瓷臉盆後，白色的塘瓷臉盆剛好放進圈圈內，上面還有個圓鏡子，洗完臉可以端看是否洗乾淨了，印象中旁邊還有個小架子可以擺著毛巾，阿祖的房裡還有一座梳妝台，但是在我印象中她從不坐在梳妝台前。

榆木朱漆衣櫃與銅釦木箱

屋內還有個大型的榆木朱漆的衣櫃，衣櫃的兩片大門中間有個銅片釦，門板上面雕著美麗的花飾，上面有個銅釦可以栓住。對我而言，這個大木櫃雖然雕花很漂亮，卻龐大得讓我有些畏懼。房中另外有個木箱，大約有一米長、五十公分寬，四十公分高，上面也有個銅釦，我總喜歡坐在大木櫃上面和阿祖聊天，這些家具除了紅眠床，據說都是阿祖早年從娘家帶來的嫁妝。

阿祖的紅眠床上面放著一塊檜木雕成的枕頭，枕頭兩旁雕著圖騰，中間略微凹陷，只是紅色的朱漆早已斑駁了，我曾趁著沒人注意時偷偷躺過那個枕頭，只感覺枕頭有阿祖身上的香味，但是很硬。年幼的我常好奇為什麼阿祖要睡這麼硬的枕頭，睡起來一點都不舒服。

紅眠床上還擺個約四、五十公分高的小化妝台，化妝台是長條形，有很多小抽屜，當我陪伴阿祖感覺無聊時，阿祖會讓我爬到床上，拉開化妝台把玩抽屜裡面的首飾。阿祖講話輕聲細語，會告訴我那個首飾是幾歲時拿到、什麼時候配戴，將每個首飾的故事都講給我聽，她最喜歡談她當嫁妝的翠玉耳環，會大方的讓我拿出來把玩。我發現抽屜裡雖還擺放幾支鐲子，但阿祖手上卻永遠戴個翠玉鐲子，不見她替換過，只因手上那隻是我外公送的，她一直不捨拿下。

我從小就知道阿祖喜歡珠寶，而且阿祖和我的姆婆都會讓我爬上紅眠床，把玩化妝台抽屜裡的珠寶，只因為她們認為女孩子從小就必須學會如何品味珠寶。

阿祖房間的外面有個大庭院，屋簷下掛著一個鳥籠，養了一對文鳥，我常會聽到清脆的鳥叫聲，佣人會按時來清理，院子裡則布置很多從福建運來的奇花異石，還有一口大水缸，這口水缸可是和一般的暗紅色陶製水缸不同，而是整個白底的磁缸，上面燒有很多彩色的花草，非常漂亮。水缸裡養了幾隻金魚，還種有幾株蓮花，我常會好奇的趴在水缸旁邊觀看裡面的金魚。

院子裡的板凳也和我家的不同，是磁燒出來像個圓鼓一般的瓷製坐墩，也是白底，上面有不少淺藍色與深藍色花草組合，椅子上下周圍環繞著像鉚釘的圖案，就像是鼓一樣，但是頗具重量，幼小的我根本無法移動。夏天渾身大汗時，我最喜歡抱著這種坐墩，會有股沁涼的感覺傳遍全身，感覺體溫降了好幾度。不過院子裡並沒有石桌子，而是一張用檜木做的圓桌，配著坐墩感覺滿奇特的，後來才知道原來阿祖不喜歡石桌的冰涼感，外公才用檜木做成雕花的圓形桌子替代。

有次我在外面調皮掉到水溝裡，被鄰居的泉舅公發現，抱回來給阿祖，當時家中大人都忙著，不知道發生這件事，阿祖趕忙差佣人自井裡打水進來幫我清洗，換上她的黑色短衫，年幼的我穿著太長的短衫在地上拖著走，覺得很有趣，我也因為這次碰到井水，才發現冬天裡的井水竟然是溫的，洗起來很舒服，阿祖說這口井的井水有個特色，就是冬暖夏涼。

上——早年的化妝盒。
下——木製家具總給人一種溫潤的感覺。

3 和阿祖在一起的美好時光

當阿祖思念著獨子──我外公時，總是吟唱「今日又是鳳凰時，不見故人回家居，自古有人去，沒人回來報平安……」這長長的詩句，有濃濃追思與哀怨，年幼的我知道阿祖在感傷著，總會握著她的手，趴在她腿上望著那早已陷入沉思中的臉龐。

印象中的阿祖永遠是一席黑色短衫和長裙。阿祖曾說她少女時期是穿白色的短衫和藏藍色的長裙，結婚之後台灣人的風俗就穿藏青色衣服，過了五十歲，風俗上她年紀夠大，就改穿黑色的衣服。我則對阿祖裹小腳的繡花鞋最好奇，因為在別的親戚家可是看不到那雙特殊的繡花鞋。自外公過世後，阿祖就不喜歡與外界接觸。外人要見阿祖並不容易，阿祖有三十多個曾孫，卻對我特別疼愛，常要爸媽將我送到她家。在我周歲時還特別請來專門做竹編的師傅為我做了一個「椅轎子」，這種椅轎子在嬰孩時期，可放在中間成為嬰兒椅，長大可以翻過來當板凳坐。

在我周歲的祭祖儀式上，阿祖竟然

坐三輪車來參加，這個舉動驚動所有的長輩，外婆在這場儀式中只能退居於後，由阿祖來進行儀式，阿祖的舉動已經昭告所有人「她喜歡這個曾孫女」。其實在過去的社會中，女孩是很少有地位的，而我幸運的是父親在兩個哥哥後才得到的女兒，所以特別疼愛。我的長相並不像外公，但阿祖卻認為我的一些小動作酷似外公的嬰兒期，也許那時候外公剛過世兩年，她因思子之情而有移情作用，甚至在我逐漸長大後，每當她思念兒子，也會差人將我帶過去陪伴，但不管如何，能獲得阿祖的寵愛是我的幸運。

愛吟唱詩句，發思古之幽情

年近九十歲的阿祖總會將灰白的頭髮梳個髻，上面插了一根黃金鑲嵌翡翠、點綴著瑪瑙的頭簪，身穿一席黑色短衫長裙，裹著小腳，她喜歡坐在房門外曬太陽，常差我到庭院摘玉蘭花，放在房間的小碟子裡，興致來了就會吟唱著詩句。據說早年阿祖和外公最喜歡以詩交流，母親常說小時候阿祖在書房裡寫完詩後，就會要她當信差，將詩送到外公的書房。當母親將阿祖的「寄詩」傳達給外公，外公看完詩句後，也會拿起毛筆寫一首詩回應阿祖，而母親再趕忙將這道「答詩」快速轉送到阿祖手上，這是他們母子之間最喜歡的娛樂。

外公在我出生前兩年就過世，當阿祖思念著獨子——我外公時，總是吟唱「今日又是鳳凰時，不見故人回家居，自古有人去，沒人回來報平安……」這長長的詩句，有濃濃追思與哀怨。年幼的我知道阿祖在感傷著，總會握著她的手，趴在她腿上望著那早已陷入沉思中的臉龐。我不知她為何如此憂愁，只知道阿祖吟完這首詩後就不再說話，陷入深沉的回憶中，我們兩人就這樣沉默的耗掉一個下午。

也不知道為什麼，當看到阿祖傷心的時候，愛講話的我就會自動安靜下來陪著她，這時我感覺阿祖變得很虛弱，舅舅們知道她又在思念外公，卻沒人敢開口安慰她，因為任何一句言詞都是多餘的。此時三舅也總會扶起阿祖回臥房，我發現身高一百七十五公分的三舅，只比阿祖高半個頭，阿祖九十歲時身體依然硬朗，沒有老態龍鍾、彎腰駝背的模樣。我們家每個人都很高，就屬我最異類，從小就是嬌小玲瓏。

當三舅扶阿祖回臥室時，總會差我請三舅媽來阿祖的房間，三舅媽每次在我呼喚後，總是跑得比什麼都快的趕到阿祖的房間。這時阿祖會端坐在床上，由三舅媽協助將她髮髻上的頭簪拔下放在梳妝台上，我這才發現原來阿祖留著一頭白色的長髮，只見三舅媽拿出一瓶髮油和手掌大的半圓形木製梳子，抹上髮油後輕輕的梳著阿祖的頭髮。梳完之後，三舅媽的巧手再為阿祖梳好一個髮髻，再插上頭簪，我後來從三舅媽口中才知道阿祖是「古早人」，她們是靠這罐髮油來梳洗頭髮的。

濃濃的隔代之情

阿祖梳妝台的鏡子是片很厚的玻璃，和我家化妝台的鏡子不一樣，整個房間裡都是阿祖當年帶來的嫁妝。這時我會爬到阿祖古老的床鋪上，開始告訴她我一天生活的點滴，我覺得這輩子再也沒遇到這麼好的聽眾，阿祖總是安靜的聽我述說著，我甚至將擔心被虎姑婆捉去的心事說給她聽，她總會摸著我的頭，要我千萬不要怕，因為虎姑婆沒有我跑得快，是永遠抓不到我的，而且「虎姑婆最討厭乖孩子的肉」。

我也曾擔心的告訴阿祖「我做了壞事」，因為我用食指指著月亮，而大人曾經說過「如果我再用手指月亮，睡覺時月娘娘會來割我的耳朵」，這時阿祖會露出笑臉，輕輕地摟著我告訴我月娘娘的故事。她說月娘娘是不會割我耳朵的，只是用手指月娘娘是不禮貌的，阿祖說，太陽就像是父親，每天賣力的工作，將光線照耀著世界上每個孩子，而月娘娘則是母親，即使有時候只剩下細細的弦月，仍會盡量發出光芒，讓我們在黑夜中仍能透過她的光，看到回家的路。在太陽不見時，世界就沒有光，但是月娘娘就會想辦法給我們光亮，讓我們在黑夜中仍看得到東西，月娘娘是很善良和慈悲的。

阿祖跟我講的故事，我仍清晰的記得，她的聲音好細好柔。

4 阿祖用膳的菜單

在老宅院裡面有兩座上下刻紋不同的石磨，是專門將甘蔗榨成汁供阿祖飲用的。其次，早餐是很講究的，兩餐間的點心也要顧及養生，每一道菜都要精心烹調。

雞蛋酒

阿祖年紀大了，大家對她的飲食有特別的設計，也許因為劉家祖先從事製糖產業，阿祖喜歡甜食。在老宅院裡有兩座上下刻紋不同的石磨，是專門將甘蔗榨成汁供阿祖飲用的。阿祖每天早上會先空腹喝一杯雞蛋酒養生，這酒可是我母親用六十顆土雞蛋黃，加酒釀成一甕，專門供阿祖早上享用。

講究的早餐

阿祖在冬天的早餐，會在杏仁茶裡放些掰成一塊塊的椪餅泡著，脆脆的椪餅吸飽杏仁湯汁後，變得香甜且柔軟多汁，很容易下嚥，也有飽足感。也有用百合加紅棗、枸杞和冰糖熬出的甜湯，夏天則是用鹼仔粿、九層粿或粉圓湯。

另外還會將炒香的花生加入在來米，磨成米漿，這可也是我的最愛，因為花生比例多，油脂就多，所以做出來的米漿油脂就夠，我只要喝一碗就有飽足感。

當年做米漿的方式，是將花生炒得很香再來製作，可是現在大家吃到的米漿已沒有那個香味，因為要將花生炒到香可得有耐心慢慢來，才能做出夠香、夠濃的花生。有些人時間未拿捏好，手藝也不佳，即使將花生炒過，也不一定都能炒出濃郁的花生香。這幾年花生價格節節上升，成本考量下，花生放得自然少，炒出來的花生香味更淡了。在台南市，據我所知還有兩家的米漿，還是有很濃郁的花生香味，想來他們應是守著祖先教的做法而已，而其他的店則大賣走味的米漿，消費者還是每天吃，卻不知道這碗米漿早已失去古早的風味。

阿祖家還習慣每天早上用冰糖水煮水波蛋，冰糖水波蛋是餐前鋪底用的，接下來會再準備別的餐點，如父親會帶我去吃紅豆湯或綠豆湯，但幼小的我在吃完冰糖水波蛋之後就吃不下了，只有看別人吃的份。到現在我偶爾也會買土雞蛋回來煮冰糖水波蛋來解饞，只是總覺得現在的土雞蛋比四、五十年前的蛋大多了，口感上差好多，也總是煮不出當年的味道。

早期台南人早餐的繽紛，是現代人無法理解的。我記得五歲時，父親習慣帶我去吃的早餐店，攤位上是一鍋濃稠的紅豆湯或綠豆地瓜湯，可選擇配油條或台灣水餃，攤子上還賣包子和古早味的台式饅頭，讓胃口大的客人吃。這種台式饅頭剝開之後，裡面是鬆軟的，中間參雜一些細小的洞，顏色微黃不純白，還有微微的地瓜香味，不似現在的饅頭雪白有層次和嚼勁。

到現在我仍偏愛台式饅頭，只是現在想要做已經變得很難了，一定要先用地瓜加麵粉發酵成老麵，我家人口少，就賴得做了。幾年前，我在清水寺附近還買得到這種饅頭，但老老闆走之後就再也找不到了。

早上的養生點心

除了早餐外，阿祖家通常在上午十點多，還會有青耆熬煮魚片湯，有時候會煮碗地瓜稀飯配著阿祖最愛的蛋臊。由於阿祖牙齒不好，有一道菜是特別為她設計的，叫「芙蓉豆腦」，是將豆腐加雞湯、魩仔魚、蝦泥、蟹肉及一些枸杞壓成泥，順時針方向攪拌，記得手勢可得慢慢的又輕柔，雞湯要加多一些，因為油脂也是豆腐中主要的調味，鋪在水盤的下層，再用柴魚熬成高湯，將雞蛋打過，加進柴魚高湯，倒在豆腐上層，在雞蛋汁要倒進去時，佣人會用紗布過濾，再快火蒸熟，這一大盤「芙蓉豆腦」就可端上桌，因為蛋汁加些柴魚湯蒸出來的蛋較軟，又有柴魚、蝦、蟹肉，讓芙蓉豆腦吃起來鮮美無比，至今我對它仍情有獨鍾。

芋蓮心

家廚也為阿祖設計一道甜點叫「芋蓮心」，先將蓮子熬煮冰糖到糜爛，多餘的水濾出，再將蓮子壓成泥，搓成一顆顆圓球當內餡，芋頭蒸熟後壓成芋泥，加一點豬油、糖、少許太白粉攪拌，搓成長條，切成約三公分厚，中間包蓮子，再將芋頭搓成圓形，略蒸一下，涼了讓阿祖當甜點吃，長輩們則偏愛外層再裹一層麵包屑去炸。

蒸豬肝

還有一道「蒸豬肝」，這道菜是將整付豬肝刮成泥，另外再將「肉仁」剁成泥，和豬肝泥依比例攪和在一起，添加鹽、五香粉並淋上一些米酒，再將這些豬肝泥放進大碗，先大火蒸過，倒叩在鼎內的架子上，如此這豬肝就帶著一股清香的煙燻味，待涼了切片擺盤，旁邊還會切些蒜苗片當配菜，這道菜不僅阿祖喜歡，我們也喜歡。

在當年豬要養到有脂肪肝還真不容易，所以在不容易取得「粉肝」的情形下，才設計出這道菜，如此蒸出的豬肝，切片後口感較嫩，味道也夠濃，但這道菜在今日已不適合多吃，吃多了膽固醇恐會增多。

下午的養生點心

到了下午，不是洋參、紅棗燉燕窩，就是紅棗煮白木耳，但我發現阿祖偏愛茯苓膏。隔壁的泉舅公每天都會蒸一盤茯苓膏出來賣，阿祖常差我在剛出爐時上門買一些回來配茉莉花茶，有時候也會來點杏仁豆腐，可是這個工程就大了，都是用石磨磨杏仁之後，加上在來米漿熬煮，做起來的份量總是比較多。現在我吃的杏仁豆腐都是涼的，可是記憶中那時候吃的總是略微溫熱的。外婆總是說，杏仁豆腐的糖水非用冰糖去熬成汁不可，說也奇怪，在冰糖水裡加上切成一塊塊菱形的杏仁豆腐，看似極簡單純樸，在這個年頭，我卻再也吃不到那種精緻可口的甜點了。

才傍晚五點多快六點，三舅媽就端來阿祖的晚餐，當年我只要能吃到阿祖的晚餐就很開心。阿祖的午餐和晚餐都有一杯甘蔗汁，她超愛甜食，沒有人會允許在餐桌上先喝甘蔗汁，但阿祖的習慣，先讓她喝幾口甘蔗汁，才吃她的八寶粥。

養生甜粥

我知道阿祖有兩款粥，甜粥裡面有紅棗、枸杞、福圓、白木耳、百合、薏仁、洋參和一些茯苓，這時，三舅媽早就將紅棗的籽挑掉，先將洋參燉煮出味，用洋參和福圓的湯汁為底，再加紅棗、枸杞、百合、白木耳、少許的茯苓和先煮好的薏仁，一起加冰湯熬煮，吃起來口味很好，阿祖總會先餵我兩口，這種粥加冰糖燉過，甜甜的很好吃。

鮮八寶粥

鮮八寶粥則有切細碎的肉末、魚片、海參、新鮮吻仔魚、切碎的豬肝、蚵仔、細細的魚片，菠菜也切得好細，還有雞絨，雞絨可是用湯匙將生的雞胸肉刮下來成為肉泥，海參也切得很碎，這碗粥味道非常可口而且營養，小時我胃口不好，不喜歡吃東西，唯獨這碗鮮八寶粥是我的最愛，我和阿祖常常合吃一碗粥。

後來我當母親後，我也常煮這道粥給食慾不好的兒子食用，遇家中成員感冒，身體較虛時，我也會煮這道鮮八寶粥。煮這道粥的祕訣是用雞的骨架熬出高湯，這湯頭只能鮮甜不可油膩，所以在熬湯過程，我會加入半顆洋蔥一起熬，讓它產生甜滋味，所有材料煮到七分熟時，才將事先煮熟的米飯加入，如此煮出來的鮮八寶粥較為清澈、乾淨，但喜歡濃稠米漿味的人，不妨將米和雞肉泥先爆炒過，再加高湯一起熬，如此煮出來的鮮八寶粥則帶著濃稠的米粒香味。

三舅媽常笑說我和阿祖都屬「無牙一族」，因為阿祖已經太老，牙齒都掉光了，而我當時牙齒還沒長齊。我記得小時候很喜歡陪著阿祖睡覺，三舅老是說我是阿祖睡前最好的收音機，因為陪阿祖躺在床上，不管阿祖是否已經睡著了，我總會講話講個不停，三舅見阿祖睡著後，就會進來幫阿祖蓋被，用手指摀著我的嘴巴，要我不要再出聲音，然後把我抱走，再輕輕的將門關上。三舅會告訴我已經講很多話，嘴巴要休息，不然等一下就沒電了，這時父親就會出現將我帶回家。

我偶爾會看三舅幫阿祖在水菸斗裡面塞菸草，點火讓她抽水菸，父親有時會請司機載他去高雄堀江買三五牌洋菸回來孝敬阿祖，她喜歡這種味道後，就比較少抽水菸斗了。

台南的滿月習俗

在台南的風俗中，婦女生產後，娘家會在第十二天或第十六天時，送來十二項或二十四項坐月子的禮物，如雞、鴨、麻油、黑糖椪餅等補品，展現娘家幫女兒坐月子的心意，就是俗稱為「月內禮」。

每個小孩出生後，在台南一般中上家庭大多會做「滿月」，如果生的是男方家裡的長男或長女，外婆還必須做「滿月禮」，包括香蕉、紅龜、「頭尾禮」、「外婆圓」。所謂「頭尾禮」就是指嬰兒從頭到腳的衣服都是娘家準備的，包括帽子、金帽徽、嬰仔衫、金鎖片、銀手鍊、銀腳鍊、鞋襪、揹巾、棉被、嬰仔車、紅龜粿、蠟燭、紅桃等物品，但生女兒時則不可以送揹巾，因有台語的諧音，怕接下來要生下一斤（十六個）女孩。

在舊禮俗上，外婆送來做滿月的禮物中，香蕉和紅龜不能全收，還必須加一些粿、油飯當回禮。其他親友送禮來時，則以外婆圓的紅龜請客。親友送的金飾品有其意義存在，如金鎖、牌、鐲、掛鎖、狀元牌、麒麟送子牌，都有保護嬰孩長命不夭折的意思，手鐲、腳鐲、項圈、鈴鐺，則是用來保護這嬰孩，讓妖魔不能掠奪這名小孩。

娘家在滿月和週歲時都會準備一盤「外婆圓」，裡面放著二十個圓形的紅龜，總重量要達到五斤重以上，為什麼稱為「外婆圓」，是因為麵粉做成的紅龜呈圓形，是外婆送給孩子的祝福，也讓男方拿來祭祖用。

嬰孩在滿月時還要將他的名字寫在紅紙上，祭拜告訴祖先，當天祭拜神明的雞，可別像平常一樣將雞爪折進腹部，而必須將雞爪伸直，不可內折，意思是說嬰兒長大後，腳和腿都會發達健壯；而平常敬神倒酒都會倒三次，此時只能倒一次，如此嬰兒長大才不會到處撒尿沒規矩。

嬰兒滿月時，女兒就會差人送油飯、雞、酒到娘家報喜，俗語稱為「報酒」。因為女兒出嫁後還沒生男孩之前，女方家人可不好意思到男方家，直至有油飯送回娘家，表示女兒已經為夫家生了男孩。在過去重男輕女的時代，此時娘家才好意思到女兒的夫家走動，所以這天就會來做「滿月禮」。

做滿月及做四個月時，外婆送給孫子的衣服上都會用紅紗繡上「卍」符號，俗稱繡萬字，「卍」是佛教的符號，代表佛心的象徵。

俗話説「頭胎、二胎吃外家」。我的外婆是很辛苦的，因為掌管的是大家庭，內外孫就有三十七個，光是每名孫子出生，就夠她忙了，畢竟外公生有十三個子女，所以在台南對外婆有個綽號叫「剝皮嬷」，因為當外孫從出生到長大，要幫女兒坐月子，接著要滿月，四個月要做「收涎」，滿週歲還有「做度晬」，到十六歲還要做十六歲「成年禮」，可見外婆的工作真的很多。

另外嬰兒滿月時或出生二十四天會有將嬰兒頭髮剔掉的儀式，希望以後嬰兒長大，頭髮會長得烏黑亮麗（小時候父親堅持不幫我做這個儀式，因為我從小頭髮就很多，擔心萬一剔掉會變得很醜）。剃完頭髮之後，長輩會請親友將嬰兒抱到戶外，拿著竹子追趕雞群，稱「雞箠」，還要唱著一首童謠「鴟鴞鴟鴞飛上山，囝仔快做官；鴟鴞飛高高，囝仔中狀元；鴟鴞飛低低，囝仔快做父」，意指「老鷹喔老鷹要飛到山上，小孩啊！要趕快做官；老鷹啊！你飛得更高些，我的小孩要中狀元；老鷹啊！你飛得更低些，我的孩子要早早做父親」，如果是女嬰則只要喊「鴟鴞、鴟鴞來噢」即可。

不過隨著時代的改變，有些風俗已經不合時宜或不被重視，我有朋友曾經因為不懂這些風俗，加上個性大而化之，造成親家的不悦，致雙方距離變得疏離，十分可惜。我認為風俗是先人訂出來的，有些不合時宜的風俗其實是可以變通的。我之所以會談一些古老風俗，只是和大家分享過去的生活狀況，不一定非要大家遵守不可，畢竟有些風俗知道就好，否則因此破壞感情並不足取。

週歲時坐在阿祖送的椅轎上。

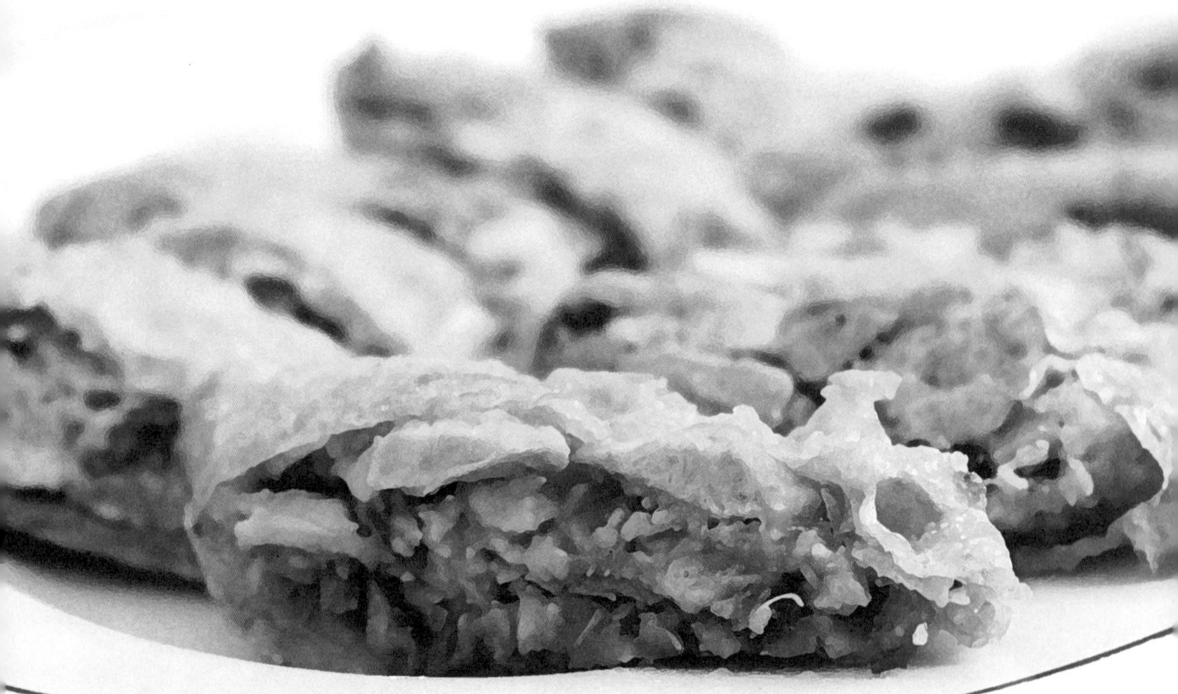

第四章

別番老滋味

在戰爭逃難的日子裡，物資缺乏，吃當然辛苦，
以前在劉家有佣人們在廚房精心烹調伙食，
到了避難時刻自然無從講究起，
因為沒有人知道下一次空襲是什麼時候，
但是窮則變，變則通，有什麼在地食材就怎麼用，
沒想到成就出不同的美滋味，
讓母親、舅舅們念念不忘；
還有，母親最懷念的味道，竟是長工們吃的私家菜，
她說長工私家菜味道濃烈，味道絕佳，
那種思鄉味的菜色真的很不一樣。

1 戰爭的滋味

在戰爭避難時，吃的無法再講究，一些鄉間野菜於是被端上桌，在那時代糧食缺乏，凡事靠配給，於是窮則變，變則通，一些以前阿舍家不可能吃的菜都被巧妙變出另番滋味，大人們沒評論，倒是孩子們愛嚐鮮，吃得很快樂。

外公對長工很好，母親說，在日據時期日本發動太平洋戰爭，美國開始空襲台灣，府城赤崁樓旁的大宅院因戰爭而被拆除，外公於是帶著一家人回柳營古厝避難。這時家中用不到的長工和女傭，就資遣他們一些錢讓他們各自回自己家鄉去避難，身邊只留下少數貼身的工人。

在那日據末期戰爭時，不是每個人都可以到鄉下避難的，大舅、二舅因為在日本，空襲時自然不用到柳營避難，三舅、四舅、五舅則因為都還是學生，依日本規定是不能隨家人離開避難的，因此外公在離家避難前，還特地為他們每個人做一個背包，裡面放些緊急逃生用品，並告知萬一戰爭混亂時如何逃到柳營的路線，最後一家人才搭幾輛牛車，到人稱柳營「公館」的劉家古厝避難。

在古厝的親人將右廂房的兩個房間撥給外公一家人居住，那時姆婆還住在祠堂右後方的宅院內，由於外公的第六個兒子過繼給姆婆當養子，所以外公一家人來避難，姆婆十分開心。

引進歐風生活

由於外公住的是花廳旁的廂房，走出大埕繞到旁邊就是知名畫家劉啟祥（註1）家族所蓋的兩層樓洋房，外公沒事會走到劉啟祥家和長輩們聊天，外公最喜歡他們家做

註1
劉啟祥（一九一〇年二月三日～一九九八年四月二十七日）於一九一〇年出身台南縣柳營鄉士紳望族世家，是最早到法國學習繪畫的台灣人之一，他在一九二〇年代前往日本留學；在一九三〇年代到法國學習美術；一九四〇年後回到台灣從事創作，並參與日本的美術展覽。一九五〇年代之後移居高雄，一方面創作，一方面則組織高雄美術研究會。一九六〇年代中期至一九七七年中風前，劉啟祥全力投注於創作與教學，凡遇假期則與學生或畫友旅行山地寫生。一九八〇年代恢復健康後，作品多為回憶性風景與靜物，作風更為灑脫自如。

的法式土司，小孩子也喜歡去他家吃特有的法式土司。其實在戰爭時麵包都不容易找到，可是這家人就有辦法找到土司，將土司沾著濃濃牛奶和雞蛋，再用花生油煎過，對我的母親來說，這種特殊的作法，奇妙又美味。

劉啟祥家不但房子外型西化，生活也極盡西化，據說他家的佃農裡還有專屬的酪農，所以常有很多牛奶可以喝，每次母親嘴饞想喝牛奶，就會想辦法到他家去拜訪，戰爭雖然殘酷，帶給大家很多不便，但也帶來家族間彼此融合的機會。

蛋翅絲瓜

偶爾也會打十來個雞蛋到有一顆顆小洞的大杓子裡面，讓一滴滴蛋汁由洞裡流到熱油鍋裡，炸過撈起瀝乾油，涼了之後放到甕裡面收藏，成為一粒粒的「蛋翅」，這時沒有魚翅，就用蛋翅來充數，很多菜加入蛋翅，味道就能立刻變濃郁。

最簡單的一道菜，就是將絲瓜放在鍋裡悶熟後，再將蛋翅灑進去拌悶一下，如此原先清淡無味的炒絲瓜，馬上變成濃郁口味的「蛋翅絲瓜」。有大一點的蝦子時，先用油炸過撈起，再加糖、醋、醬紅燒，灑上蛋翅悶煮一下，說也奇怪，原本單純的味道，加了蛋翅之後，就變成濃郁有層次的口味。

說來奇怪，很多菜加了蛋翅就能讓味道變得更濃郁。

絲瓜魚片湯

到柳營避難的日子中，飲食問題當然很艱苦，以前在家有佣人們在廚房精心烹調的伙食到這時當然全面被推翻。以往慢工出細活做出那些精緻菜餚，在逃難的日子裡不可能再有，沒有人知道下一次空襲是什麼時候，所以女傭們在空閒時不進廚房，就會拿著砧板在走道上將絲瓜削皮後，切成有菱有角的形狀，這樣就可馬上下鍋做出一道清爽的「絲瓜魚片湯」。

蒜香酥蝦魚&魚香煎蛋

有些長工沒事做也會抓些溪蝦、溪魚回來，女傭會拿來炸酥，放在另一鍋子準備著，將大量的蒜、蔥切碎爆香，再放進鍋裡加點胡椒鹽翻拌，就成為一道「蒜香酥蝦」。溪中的小魚則炸酥脆之後，加蛋汁煎起來，就成為「魚香煎蛋」。這些菜以往阿舍家是不可能吃的，但是在避難的時候，外公認為嘗試這些鄉野菜餚也是種樂趣，畢竟在那個時代糧食缺乏，凡事靠配給，窮則變，變則通，也不再像以前那麼講究和拘謹了，只是外公從沒表現對這些菜餚的喜惡，倒是孩子們愛嚐鮮，吃得很快樂。

在避難的時候，沒人知道何時會空襲，有時用餐到一半，警報聲響起，大家將菜飯放著就躲空襲去了，等空襲警報解除，回到家裡飯菜都涼了，還不敢去熱菜。母親說，剛開始大家沒經驗，空襲結束後回家，還差女傭熱菜，那知菜熱好大家剛上桌，空襲警報再度響起，大夥又得趕忙跑回防空洞躲起來，幾次下來大家就學乖了，不管飯菜是否冷了，先吃再說。

母親說，在柳營躲空襲的時間，做菜就像在打仗一樣，灶爐旁總會放一桶水，一聽到警報聲，就要先急忙拿起水將灶火澆熄，以免大家跑去避難時火苗亂竄引來災害。吃飯時，大家還學會要動作快，菜涼了也算稀鬆平常。

蜜餞甜芋泥

姆婆家的「蜜餞甜芋泥」則和現在的八寶芋泥很像。母親說，那個美軍空襲的時代，她一直想不通姆婆家怎麼還藏有那麼多蜜餞。平常小孩子上門，姆婆總是會拿蜜餞給小孩子當零嘴，因此大家沒事都喜歡往姆婆家跑。

姆婆家的芋泥做法是將芋頭切塊蒸熟，趁熱加入糖和豬油，攪拌成泥，大碗裡鋪滿各式蜜餞，芋泥則扣在碗裡壓緊，之後再倒扣在盤子上。那些蜜餞就在芋泥上面，看起來五彩繽紛，極為好看。姆婆還會差佣人將花生磨成粉屑灑在上面，每次送這道菜到廂房給阿祖時，阿祖都很高興，因為這是道她很喜歡的點心。

炸珠蔥

母親說，十一月的柳營，芋頭、珠蔥很多，有戶人家是將兩根珠蔥捆綁起來，再打個鴨蛋在麵粉糊裡，用珠蔥沾著麵粉糊後下油鍋炸，撈起趁熱品嚐的時候，一口咬下去，珠蔥頭的汁就像爆漿般在口中爆開，菜汁的甜香滋味四溢在嘴裡，讓人驚豔不已，這可是在府城吃不到的美食。

芋香脆鴨

孩子們覺得避難時最大的好處是宅院裡住了很多人，各家的嫁妝菜還真不少，常常有別房的親人送來他們家的菜，像冬天芋頭收成時，各家在芋頭上的料理功夫就不一樣，一道「芋香脆鴨」，即使時至今日，仍讓我的母親念念不忘。

那是某一房的私家嫁妝菜。先將鴨滷透了，讓鴨肉每寸都含著滷汁的香味，再將

讓我母親念念不忘的私家嫁妝菜——芋香脆鴨。

鴨肉片成一片片，切成長條，芋頭則是切塊蒸熟，再將珠蔥爆香成油蔥酥，將帶著一點油的油蔥酥和芋泥攪拌，灑一點鹽和胡椒粉，這時拿一張豆皮鋪底，芋泥壓緊在上面厚厚的一層，再鋪上一條條滷過的鴨肉片，包緊成為寬約五公分、厚約二公分的長條，外面沾了加鴨蛋的麵糊，下油鍋炸，起鍋將油瀝乾切斜片。這時的外皮酥脆，裡面的芋頭餡夾帶油蔥酥的香味，令人難以抗拒。鴨肉早就滷得又軟又嫩，咬起來肉質軟滑，吃不到鴨肉特殊的纖維，卻一點也不唐突。這道菜可是逃難中在外公家族最受歡迎的一道。

地瓜粉糊

在戰亂的時候，想給孩子吃點心並不容易，外公又是暫居老家，一切都不像在府城那麼方便，除了三餐煮飯時間，家中的佣人會到大宅院共用的廚房做菜外，也不好意思霸占著共用的爐灶做自家點心，所以到下午時刻，母親就會帶著妹妹到姆婆家找點心吃。

這時姆婆會差佣人以地瓜粉加糖水攪成漿，放在爐火上用木棍攪拌，讓其慢慢凝結成QQ略像粉粿的樣子，再倒進碗裡讓小孩吃，姆婆稱其為「吃漿糊」，雖然口味很像粉粿，但不是粉粿，她也都會向孩子解釋吃的可不是粉粿，但味道聽說很讚。

在母親的記憶中，這可是無比美味的一道點心，甚至在我小時候她還曾要家中的佣人如法泡製做給我們吃。我吃起「漿糊」頗覺有趣，妹妹更是「漿糊」的死忠擁護者。

地瓜乾

在美軍空襲時期，因為日本政府禁止大家升火，以免濃煙引來美機轟炸，因此在開放起灶升火時，大家會將地瓜切片蒸熟，放在竹篩子上，利用陽光曬乾，之後放在每個人的小背包裡，再將背包掛在房門外，一旦聽到空襲警報時，每個人逃出家門都會順手拿個背包躲到防空洞裡面，以防遲遲不發出解除警報時，有東西可以暫時果腹。有時長達一、兩個星期都不能升火時，大家也只好啃著這種地瓜乾糧，遷就的過日子。

蒜頭青蛙湯

在戰爭中糧食比較短缺，營養常難以兼顧，姆婆非常怕孩子們在不良環境中生活，容易得皮膚病，於是常差自家長工到田裡抓很多青蛙，去皮後用蒜頭煮湯讓這群孩子們吃，算是一帖戰爭時給小孩的補湯。

糖醋炸青蛙&鹹酥青蛙

有時也會炸去過皮的青蛙，再用糖醋醬紅燒來吃。而到了下午，還會將剝皮的青蛙剁成塊，加蒜頭、醬油、糖醃過，再裹上地瓜粉，下油鍋炸，瀝乾之後成為小孩子下午的營養補給點心，做法和口味和現在的鹹酥雞應該是非常接近。據說只要姆婆家炸青蛙，一群小孩就會聚在姆婆家的宅院裡啃起鹹酥青蛙肉。

在那個時代，豬肉是奢侈品，不是有錢買得到的，古老傳說，吃青蛙肉可以清火解毒，那時母親一家剛從府城回到公館，適應得並不好，母親手腳常長瘡，姆婆以照顧孩子為最大樂趣，田裡又有無數青蛙，因此常在青蛙料理上做盡變化，讓孩子們吃個夠。

紅豆丸

佃農有時也會送來大批的紅豆，女傭們會將紅豆加糖熬煮透了，將紅豆糖水瀝乾，再將紅豆擠成一顆顆像乒乓球大小，用鍋子加入大量的白砂糖和一點水，熬煮得又濃又稠。每顆乒乓球般大小的紅豆在鍋裡滾一圈，讓它沾滿糖汁，放在旁邊盤上等它涼了，這就是大家稱的「紅豆丸」。咬起來外表的糖有甜脆感，裡面的紅豆則有一

炸青蛙料理，如現代的鹹酥雞。

點綮實感，極為好吃。後來外公就差佣人多做一些，分給各房在躲空襲時食用，不用再只吃地瓜乾。

空襲期間物資雖然匱乏，但地主和佃農關係卻更為融洽，佃農知道外公是來避難的，會將自己種的農作物送給外公，那時外公常常說，多虧了這場戰爭，他才感受到和佃農的關係是融洽的，以前每兩個月來收一次地租佃，總是認為大家對他就是客氣而已，在戰爭患難中才深刻體會佃農和他的情感與關係。

難忘的躲空襲時光

戰亂中每當美軍飛機空襲時，大夥都會跑到防空洞裡躲，只有阿祖因為裹著小腳，根本不方便跑，家人每次要躲空襲，就先將她藏在屋角，並為她蓋很多棉被保護後，大家才去避難。

有一次母親和宅院中的姊妹到公館外的草原上摘花玩耍，碰巧美軍飛機來空襲，在一片平順的草原裡根本沒掩遮的地方，三個女孩就傻傻的站在草地上看著飛機俯衝下來，當下母親認為這下子必死無疑，沒想到飛機俯衝下來，大概飛行員看到她們是小孩子，就拉高飛走了，並沒如預期的轟炸或開槍，卻已讓母親和同伴嚇出一身冷汗。

避難的時候，雖然外公會教孩子們在家自修或讀些經書，但內心卻很擔憂三個在府城讀書的兒子。隨著太平洋戰爭日益吃緊，美軍空襲的頻率越來越高，外公的擔憂更明顯，有一天母親在公館的大埕玩，看到三個男生跌跌撞撞，狼狽不堪的衝進大門，焦慮的大聲問：「這裡可是柳營劉家嗎？」母親定睛一看，竟然是在府城讀書的三個哥哥，嚇了一大跳，趕緊呼叫家人出來，哥哥們在確認是劉家住處，看到自己母親後，都虛脫得立即昏倒在地，外公急忙差人將三人扶進房中休息，全家人終得團圓，外公也放下心中的大石。

舅舅三人清醒後說，當時戰爭末期，美軍在府城炸得慘烈，整個市區被轟炸得體無完膚。大家忙著躲空襲，學校也無暇照顧，學生們開始四散逃難。他們三兄弟看到一群人在飛機的機關槍掃射下都倒地不起，幸免於難的三人趕緊跨過地上的屍體逃走，看到一群人躲進甘蔗田裡，本想跟著躲進去，那知美軍飛機竟又折回，朝著甘蔗田又是一陣胡亂掃射，而此時不小心跌到水溝的三個舅舅竟又逃過一劫。

他們三天來拚命的往鄉下走，渴了就喝水溝的水，根本沒東西吃，邊走邊躲空襲，到了晚上美國飛機不來了，他們逼自己要走得更快，三天來幾乎是邊走邊跑著，不斷逢人就問柳營往哪裡走，好不容易進入公館，才慶幸終於得救了，也頓時覺得累了，他們竟然連睡好幾天。

不能說的祕密——豬肉香

在太平洋戰爭末期，日軍對台灣的管制非常嚴厲，想買東西得依配額，連豬肉都是按家裡人口，依指定時間配給才能買到。若沒有特殊關係，想多買一點糧食還真是沒有辦法。那時候，阿祖年紀已大，怕她營養不夠，家人會從黑市買回豬肉，想偷偷煮食又怕被日本警察發覺，因此就要全家將臥室的棉被、衣物塞在門窗的縫隙，再於房內用小火爐升火煮一些肉片來吃。偷吃完後還怕屋內留有豬肉殘味，還得趁著警察沒來巡視的空檔，打開門窗讓肉香味快快散去，以免遭罰。

劉啟祥故居，如今已殘破不堪。

2 長工的思鄉菜

我母親最懷念的味道，竟是小時候大宅院旁長工們吃的私家菜。她說長工私家菜味道都很濃烈，對他們而言離家背井，最懷念自己的家鄉味，依他們存有的記憶如法泡製，展露出另一種思鄉味的另類飲食文化。

外公家的長工各有專長，緊跟外公身邊的是個帳房，他可是全家最重要的靈魂人物，帳簿裡詳細記載哪裡有主人的土地、面積多大、租給哪個佃農，一點都馬虎不得。外公每兩個月要外出收田租，台灣當時沒有馬車，坐的是牛車，除了帳房緊跟在身旁，會帶個長工打雜、駕牛車兼保護主人，這個長工就得身體壯碩，帳房要很清楚地記得那塊土地的位置及佃農的家，帶著主人將田租一一收回，而每次出門收租就得花兩天時間才能返家。

而家裡還有個總管，大門就由總管把關，誰來了、該不該稟報，他最清楚，家裡內外雜事由他張羅，甚至家中與親戚們的親疏關係，他更心裡有數；幾個年紀小的小工則負責打掃等雜役瑣事；洗衣服的阿婆則是個纏了小腳的婦人，在洗衣池旁有個大石頭讓她坐下來搓打衣服。

外公家的總鋪師據說也是纏腳的婦人，還有一名男丁隨侍在側幫忙做菜，但不是主廚。古老的菜色總是費時又費工，所以廚房裡還有一名女傭幫忙，另有個女傭總是裡裡外外跑來跑去，由她來負責送茶點給我的阿祖。照顧家人的又有兩個女傭，打點大小事務，加上陪母親玩的小女傭桂花，所以總共在外公家宅院裡工作的就有十來個人，他們的吃、穿、用都由外公負責，但每個月還是要給薪資，一年除了故鄉家中有事，他們是很少回家的。到了尾牙，外公會給他們一筆賞金，春節時這群人則會輪流回家過年，四、五天再回來。

在這個時代，我們難以想像一年只放四、五天假，日子好像不太好過，可是當老闆的外公其實並不輕鬆。當長工們生病時，外公會請醫師來為他們把脈、抓藥治療，到適婚年齡還得幫他們物色一房好媳婦，或為女傭找個好人家嫁出去。

通常女傭到了適婚年齡，外公會到別的阿舍家找到合適的長工，如雙方看上眼就將女傭嫁過去，女傭也就留在丈夫的阿舍家工作，而這邊的長工若娶得別家阿舍家的女傭，那麼家中就多了一名女傭。

而外婆的工作則是每年要幫長工、女傭們添製衣服，據說曾經有位長工年紀大了，家中卻無親人可撫養他，外公就讓他在家中養老，生病了則由其他長工照顧，過世後還幫他安葬。當年的長工、女傭與主人家的關係是至死不渝的，那種關係是現代人難以想像的，而且他們每個人都學有專長，負責不同的工作，不像我小時候家裡的佣人，什麼都包了卻都沒做好，每個星期天還要放一天假。

我的母親經常回憶起她小時候沒事在家中的大宅院閒逛時，最喜歡偷溜到廚房去看看長工、奴婢們在吃些什麼東西，也不知是怎麼的，我母親從小就和其他家人不同，她對於長工、奴婢的生活很是感到好奇，沒事就往他們的廚房跑，最近她恍然大悟的告訴我：「遺傳是騙不了人的呀。」她終於知道我為什麼會沒事跑到辦桌場去採訪、問東問西的，順便當免費的工人。

母親說每次她偷跑至下人的廚房，這群長工們就會緊張萬分，因為這個小女孩不僅在廚房裡到處閒逛，還會好奇的要吃他們的菜，其實並不是長工們捨不得給她吃，而是深怕主人知道了會怪罪下來。但是我母親卻完全不以為意，總是告訴他們自己是絕對不會說出去的，但若是不給她吃呢，她就要跑去告狀，這樣便常弄得長工們不知如何是好。

蔭瓜苦瓜鱸魚湯

我曾聽過母親說，小時候看長工很是喜歡吃醃過的醬料，如豆豉或醃過的鳳梨或

照母親的記憶還原的蔭瓜苦瓜鱸魚湯是長工的私房菜色之一。

冬瓜、苦瓜醬，因為他們嫌主人吃得太清淡，不合口味，醃過的醬料更對味，他們甚至連肥美的新鮮魚肉也吃不慣，反而愛啃那些魚骨頭，也很喜歡啃雞爪。

在母親記憶中，每次家裡買了一隻大海鱸，都會切塊來道鱸魚薑絲湯，或鱸魚味噌湯，甚至在魚肚加鹽用炭火烤，魚肚加鹽烤過之後，切片來吃，有點硬，但咬勁十足，越咬越有勁，也不知為什麼，烤過的魚肚肉質變得比較硬，但咀嚼後卻香味四溢。

也會將海鱸魚去骨切片煮成魚片粥，粥上灑著芹菜粒，成為可口的下午點心，但是她卻從沒看過鱸魚頭和尾巴的蹤跡，後來她在長工的廚房發現頭和尾，才知道原來這些才是屬於長工的菜。

長工們會將鱸魚頭切成塊，先用新鮮的苦瓜和醃過的蔭瓜煮出味道，接著將魚頭放進去煮開，湯頭的美味到現在母親都依稀記得，她說，好奇怪，這鍋湯連薑絲、酒、鹽都不用加，湯頭就是無比甘甜，小時候她一個人就能喝上兩碗湯，而本來不敢吃苦瓜的小孩子，在這樣料理下，不僅苦瓜完全沒有苦味，還因為吸足了蔭瓜的湯汁，讓苦瓜變得更加鮮甜，因此只要家裡吃鱸魚的日子，母親就會到長工的廚房去要苦瓜來吃。

我照母親的記憶還原這道菜，發現這還是道非常下酒、醒酒的一道湯，剛煮完後，我家老公就聞香到廚房來，他的動作和當年母親的動作挺像，先在我周圍閒晃著，要求讓他喝幾口試味道，接著不客氣的也喝了兩碗，讓我那鍋湯一下子少了大半。這道苦瓜蔭瓜魚湯，說起來很饒舌，其實根本沒有菜名，卻不能不讓人拍手叫好。如果只是讓它成為長工的私房菜真是埋沒，這年頭也沒有身分階級的區分，何況美味不是任何人可以獨吞，最近有空，我家餐桌上常出現這道專屬長工的美味魚湯。

長工們也喜歡將魚頭、魚尾加醬油、蒜苗紅燒，甚至會從鄉下帶一些西瓜綿回來煮魚頭。鄉下地方，西瓜剛結果時，瓜農會先將長得太密的果實進行疏果，摘下多餘的小果，讓剩下來的西瓜可以長得更大，那摘下來手掌大的西瓜就拿來醃製，幾個月之後就成為西瓜綿，味道有點酸，用來煮魚頭，又甘又酸的，有種說不出來的好滋味，只要喝一口湯，就會讓人欲罷不能，一口接著一口。

長工們還喜歡用膨風豆熬大骨湯，加一點蘿蔔，作法雖然簡單，但大骨湯碰到膨風豆，再加一點香菜，卻是完美的組合。有時候美食不見得在手續的繁瑣，而是食材的對味，在食材互相拉提下激盪出的味道，就是一道最美好的菜餚。長工們的生活因為懷念媽媽的味道，而依小時候的記憶如法泡製，卻展露出另一種生活飲食文化背景。

下人廚房裡的濃郁飄香味

當年主人吃的是什麼菜，剩下來的菜餚當然是家裡的長工們食用，只是對那些長工而言，主人奢華的菜色並不是他們的最愛，他們從小都在各自的家庭生長，大都有自己的飲食記憶，尤其很多人最喜歡吃的還是那些帶有「媽媽味道」的菜餚，在外面久了也會想做些過去家裡曾有過的菜餚，自然和主人家享用的菜不同。

例如，原本住在海邊的長工就很喜歡用大一點的魚肚炒起來當肉片吃，因為住在海邊的人大多是以捕魚、牡蠣、蝦類當食物，因此拿魚肚來代替豬肉是常見的事。他們喜歡用魚肚先川燙去除腥味後，加些醃過的醬菜來炒，吃起來脆脆的，嚼勁也和豬肉很像。而住山邊的長工可能就不愛以海鮮來料理，而愛鄉間野菜或豬肉入菜。

絲瓜煎蛋

母親家吃的土雞蛋、水波蛋或荷包蛋，在這群長工手上卻又有不同的吃法。有時候他們拿到一些雞蛋，會將絲瓜削皮刨成絲，加入蛋裡煎，絲瓜本身會生出水，煎過的蛋汁加一點湯汁，對他們而言也是一道美味。我曾試著將絲瓜先稍微燙熟，略擠掉一些水分，放到打散的雞蛋裡再煎，感覺真的非常清甜爽口。

有錢人用新鮮的土雞蛋煮冰糖蛋湯，甚至用土雞蛋來釀蛋酒。對阿舍來說，雞蛋

清甜爽口的絲瓜煎蛋，十分美味。

吃的是新鮮，依現在的眼光來看，這句話挺奇怪的，蛋不新鮮的吃，難道還要吃不新鮮的嗎？長工們卻告訴母親，新鮮的雞蛋他們可是吃不慣的，在他們家鄉，雞生的蛋可不是拿來吃，而是用來孵小雞的，雞養得越多，逢年過節就有雞肉可吃。

雖然母雞每天會下個蛋，但不是每顆雞蛋都可以孵出小雞，在孵一陣子發現雞蛋沒什麼動靜時，就知道孵不出來，這時才拿來吃。但這種蛋打在碗裡會有股味道，所以往往要加些味道比較重的蔬菜，將這股味道掩飾掉，如將菲菜切小段或剁碎的九層塔，味道就夠濃了。有時也會採用醃過的老菜脯，菜脯的濃香味也能壓下原來的腥味，雖然仍帶有一股特殊的味道，但吃起來反而另有一番風味。

後來進到阿舍家工作，可以吃到新鮮的雞蛋，卻反而沒機會吃孵過的蛋，日子久了，長工們開始懷念過去帶有些腥臭味的蛋，所以在長工的廚房裡，蛋的變化特別多。母親很喜歡到長工的廚房偷嚐他們煎出來的蛋，因為加了很多東西，味道特別香濃。

鹽爆肉

當長工們獲得一塊五花肉，會先在五花肉兩邊抹一點鹽，略醃一、二十分鐘後，切成一片片半公分厚度，下油鍋爆炒，將油瀝出，但只瀝出三分油，這是他們的習慣，全部是肥滋滋的肥肉對他們而言，反而不敢暴殄天物的全部吃進肚子裡，而是會先瀝出一些油，存起來當豬油拌飯用。爆過的豬肉則再加一些醬油，用文火燒得收汁，這時每片豬肉變得好鹹，但醬油的美味被肉片吸進去，在他們的家鄉，卻可是他們的大菜，叫「鹽爆肉」。

炸肉仁

另有一道長工們的大菜，也讓我的母親吃過後頗覺不可思議，就是「炸肉仁」。「肉仁」是一種肥肉，但質感較結實，肥而不膩。通常是餅鋪買回去爆豬油，這種豬油品質較高，做糕餅才會好吃。母親說在過年時間，廚房裡總是有大油鍋，隨時炸些過年的年菜，長工這時也會打打牙祭，將肉仁切成像指頭般的長、寬，裹麵糊下油鍋炸，瀝乾之後沾一點胡椒鹽就可下飯吃，母親說，單聞這股味道就感覺很香，吃起來外表很脆，裡面的肉仁雖是肥肉，咬起來卻脆脆的，並不油膩。

這個時代已沒人吃炸肉仁了，但在過去的歲月裡可是長工們的補品，讓他們獲得很多身體上需要的油脂。

炸香蕉

香蕉盛產時，長工也會將生一點的香蕉裹粉炸過，沾著蒜頭醬油吃，在夏天則會將生的香蕉連皮一起煮過，等涼了之後將皮去掉、切塊，沾蒜頭、醬油，也是一道菜。母親聽長工們說，在家裡想吃醬油不是那麼容易，醬油本身就有醬香味，所以能沾醬油就是好菜。在阿舍家工作，最沒限制的就是醬油，對他們而言是最大的福利，不像他們在家鄉只有逢年過節，家裡才會買些醬油回來，平常要鹹的味道就加點鹽巴就好了，吃是不用那麼講究的。

豆腐渣炒韭菜

豆腐渣炒韭菜看起來其貌不揚，吃起來卻別有異樣風味，那時代的窮人不見得買得起豆腐，但豆腐渣價格卻很低廉，拿來炒韭菜、灑些鹽，味道就足了，經濟好時買得起醬油，再淋上匙醬油，味道更香，別看不起這道菜，可是很養生的，纖維和蛋白質都夠，想來老天也是挺眷顧這群經濟不佳的人們，為他們打開起另一扇門，因為很多食品是可以替代，同樣可以讓他們得到養分，也是另一種美味的傳播。

福仔

母親在躲空襲時過著和以前不一樣的生活，常和在宅院的姊妹離開公館到外面玩。有一次發現家裡原本已遣散的長工福仔，竟在公館外面搭個草屋居住，嚇了一大跳，但看到熟人心裡也很高興。

福仔要母親回去不能說出來，因為他長年跟著外公工作，雖然遇空襲，還是不想回老家去，反而覺得跟著主人一家人比較習慣，所以偷偷跟來，雖然進不了公館，仍在外面搭個草屋獨自生活著。後來，母親回家還是將福仔在外面生活的事告訴外公，外公知道後，特地叫母親帶路去看福仔，並告訴他，公館是借住的，不便再帶他過去，要福仔千萬不要在外面流浪，快快回自己家鄉，但福仔始終沒離開，就一直住在公館外面。直到戰爭結束後，外公送福仔一塊地讓他開墾，也要他娶妻生子，福仔這才聽勸離開。在那時代，雇主和佣人的關係是長久的，但遇到戰亂，原來的生活能維持就不錯了，但主人還是會想辦法打點長工的去路，將安排長工的未來視為一種責任。外公說，他有很多土地，送一塊地讓福仔謀生也沒什麼關係，只要他好好耕田就不會餓死。

第五章

美味關係

——這些人、這些故事、這些美味

我那愛美食的父親，喜歡到處尋找美食，他的尋味地圖正是我兒時最美好的回憶；我的三舅，常為我做各式大菜，精心擺飾在各種美麗的餐盤端上桌，身兼主廚、僕人、樂師，而我是他唯一的來賓，他絕對是我美食的啟蒙老師；而我，是天馬行空型的美食愛好者，從小就愛玩美食，樂此不疲。

在我成長的年代，他們總和我一起分享美食、吃美食、玩美食，這些人、這些美食，這些故事，對我而言，意義重大，美味與人的關係，如此美好又值得回味。

1

老爸的美食大夢

愛美食的父親，喜歡到處尋找美食，他的美食尋味地圖也是我兒時最美好的回憶。他總說找美食就像在尋寶一樣，路途或許辛苦，但只要能嚐到無上美味，一切都值得，「眾裡尋它千百度」那種好不容易才尋得的好味道，也會在腦海中久久縈繞……

「萬巒豬腳」的魅力

我記得讀小學時，有一天父親突然心血來潮說要帶我們到屏東萬巒吃豬腳，那時候到屏東的省道還沒拓寬，更沒有高速公路，一趟路走省道到屏東來回要好久的時間，我記得母親向鄰居抱怨父親的瘋狂之舉，鄰居比較袒護母親，大夥兒都很不解父親千里迢迢跑去萬巒，竟只為了吃豬腳！

印象中，豬腳油油膩膩的，根本吸引不了人，還記得隔壁的阿婆說，想吃不會到菜市場買隻腿自己回家滷就好了；三舅也專程來告訴父親，倘若去吃的結果真的好吃，就帶一點回來給他，但若不好吃就千萬別帶回來，三舅還一邊不忘叮嚀我：「玲個，你可別忘了幫我看看到底好不好吃哦，如果不好吃千萬要父親別帶回來，如果真的好吃，那回程不管再晚，都要叫司機送來給我，即使半夜我都會爬起來吃。」

那個時候還沒到故總統蔣經國到萬巒吃豬腳造成轟動的那年代，萬巒豬腳的滋味只在民間口耳相傳，父親只是聽人說萬巒的市場有家豬腳非常好吃，就決定要來一趟「萬巒豬腳」尋味之旅。現在想來，我熱愛美食的精神，肯定是遺傳自老爸的真傳。

到了星期六傍晚出發前，母親決定不一同前往，她說寧可一個人在家享受寧靜的夜晚。或許你難以想像，現在從台南到高雄，走高速公路只要四十分鐘左右的路程，但是在四、五十年前，開車行駛在未拓寬的省道到高雄，有些路面還不是柏油路，如此一路顛簸，到高雄就得花上三小時以上，然後還要一路開到屏東萬巒，行程的確遙遠。

為了不要讓吃美食成為大家的負擔，父親會在星期六就先帶我們到高雄過夜，又因為是「美食朝聖團」，父親不好意思打擾親友，當晚就先住在高雄的飯店。儘管如此悉心安排，但是一路顛簸下來，四個小孩到達高雄時還是不免累癱了。

隔日一早，司機紀先生就將我們叫起來，繼續趕路。沿路沒什麼路標，還有許多叉路，紀先生邊下車問路邊開車，四個小孩也許因為暈車，東倒西歪的睡得不省人事，只有坐在前座的父親還是興奮的和紀先生聊天，我從沒看過父親如此亢奮，心中充滿朝聖的喜悅。

我記得那時是冬天，車子一直到了下午四點多才到達萬巒市場。大家坐定後，一名店裡的婦人問我們要吃「豬腳」還是「豬腳麵」，或許是我們兄妹們肚子都很餓了，大家一致都選了豬腳麵，畢竟有麵還可以吃飽，豬腳哪有什麼好吃的呀？哥哥還偷偷教我們：「如果你們不敢吃豬腳，放在碗裡就好了，我們好好吃麵，不要掃爸爸的興。」

不料，父親竟然不顧我們飢腸轆轆，竟然和店家聊起天來，還說要切一隻豬腳，並打包一隻給三舅。紀先生還熱情的陪著父親在旁邊觀看店家如何滷豬腳、切豬腳。我們四個小孩因為坐了太久的車，實在是又累又餓又倦的，連平常最會奉承父親的我，也沒力氣陪父親看人家滷豬腳，只是乖乖的坐在市場一角的餐桌前嘀咕著：「我們只想吃麵，不要吃那油膩的豬腳啦。」

最後老闆終於端上一大碗豬腳麵，我們還真嚇了一跳，但喝起湯來不覺得特殊，那時我們還暗自高興吃麵的決定是聰明的，連普通的湯麵都不怎麼樣了，又何必吃那油膩的豬腳呢？沒想到父親上桌來，卻一直勸我們不要再吃麵，因為豬腳馬上就要端上來了。

切成一塊塊的豬腳，配上獨特的醬汁，果然名不虛傳。

當店家端上豬腳的剎那間，孩子們的眼睛立刻為之一亮，盤中的豬腳竟然是切成一塊塊的瘦肉，看起來一點也不油膩，連沾豬腳的醬汁口味也非常特別，然後兄妹們幾乎異口同聲的跟父親說：「麵可以不吃嗎？我們想吃豬腳。」

時至今日，我仍忘不了父親聽我們說這句話時臉上那種得意的表情，彷彿寫著，看吧，我說得沒錯吧，你瞧，光看就好吃得不得了吧。在取得父親同意後，大家也顧不得用筷子了，雙手一伸，拿起豬腳沾著醬就開心的吃了起來，哪知這盤豬腳大受歡迎，父親還急忙請店家再多切兩隻豬腳帶回家。

父親邊吃邊得意的笑說：「你媽媽沒口福，你看豬腳的味道這麼好，一定要帶回去讓她嚐嚐，她才不會罵我。」

然後他還不忘問我們，「辛苦一趟路跑到萬巒吃豬腳，你們說值不值得呀？」兄妹們手上拿著豬腳，邊啃邊開心的回答：「值得！值得！下次什麼時候再來？」

父親心滿意足的說：「這路途真的太遠了，只能有機會再來囉，沒辦法常來。」

我感覺找美食就像在尋寶一樣，這趟路程雖然遠，加上路況不好，大家一路顛簸過來，但只要能嚐到一道無上美味，一切辛苦都值得，而眾裡尋它千百度，好不容易才尋得的味道，也會在腦海中留下美好的記憶。

吃過豬腳的這群孩子像是充足了電，回程途中不再死氣沉沉，大家興高采烈的談

父親就是開著這輛車載著我們尋找美食之夢。

論著：「剛才吃的真是豬腳嗎？為什麼和我們以前吃的豬腳不一樣呢！」根本忘了路況不好會暈車，甚至一度被父親吆喝，「你們太吵囉。」反倒父親在回程不再興奮的談個不停，而是陶醉在他那「萬巒豬腳果然是名不虛傳」的滿足感中。

雖然興奮，但我在回家的路上，仍不忘曾經答應過三舅，如果豬腳真的好吃，一定要送到他家，就先轉到三舅家送豬腳，由我下車按三舅家門鈴。穿著睡袍的三舅睡眼惺忪地開門，拿到豬腳後告訴我：「夜這麼深，天氣又冷，趕快上車回家睡覺吧！」當我轉身跑回車上時，就聽到三舅吆喝全家人起床吃豬腳的聲音。

我們一踏進家門，母親劈頭就笑說：「豬腳不油嗎？」我們四個小孩直拉著母親到餐廳，要母親趕快打開豬腳吃了起來，這還是我第一次看母親一口接一口，一副不相信的模樣，直問：「這真的是豬腳嗎？怎麼一點都不油膩！」吃完還意猶未盡的把一部分放在冰箱，準備送給隔壁的阿婆吃。

那段時間我父親是整條街上最厲害的人，大家對他的真知灼見都十分佩服，連隔壁一向講話尖酸刻薄的阿婆，都跑來告訴我，「你父親真的厲害，能找到這麼奇特美味的豬腳。」

隔天下課回來時，只見三舅和父親眉飛色舞的談著萬巒豬腳，父親對美食的追尋，不會只侷限在台南，就像我小學四、五年級時，父親常會要紀先生載我們全家到澄清湖玩，再到高雄一家上海餐廳吃小籠包，最後再去拜訪住在高雄的四姨一家。而我們小孩子雖然喜歡澄清湖，但更期待的卻還是到上海餐廳打牙祭。

吃完美食後，父親有時會帶我們到高雄一家很大的玩具店，挑選自己喜歡的玩具，二哥每次總是找尋各種型狀的儲錢桶，我和妹妹則會商量好各自買不同的玩具，這樣便可以湊起來玩扮家家酒，而大哥永遠脫離不了各式的槍械玩具。

新奇的上海味

我小的時候，台南的上海菜餐廳不多，平常想吃上海菜，父親會透過朋友到當時民生綠園旁的「空軍新生社」去品嚐，雖然現在空軍新生社的舊建築仍舊完好，不過已改為消防局，也不復見當年的繁榮景象。

我在空軍新生社第一次吃到蘇式「炒鱔糊」，切好的鱔魚條炒韭黃，再將滾燙的熱油淋上去，只聽到嘶的一聲，頓時香味四溢，平常不愛吃白飯的我，這時會忍不住多吃幾碗，因為炒鱔糊非常下飯，也讓我對空軍新生社印象深刻。

有一次，父親點了道紅燒獅子頭，還沒上菜之前，我一直幻想著那麼雄偉的「獅子頭」，做成菜會是什麼模樣，等端上桌時才發現竟然只是一顆顆碩大的肉球，外形根本不像獅子頭，父親擔心我一個人吃不完一顆，用筷子將它切成小塊夾給我，不愛吃青菜的我，這時候對獅子頭鍋裡的山東白菜可是吃得津津有味，因為燉得實在入味。

「沙鍋土雞湯」也是一絕，年幼的我一個人竟可喝上兩碗。從小不敢吃肥肉的我，對於盤子裡那塊滷得油亮的東坡肉，就是沒有勇氣夾，卻一定會舀些湯汁來拌飯。上海菜的「香酥鴨」，最迷人之處就是酥脆的骨頭，一口咬下去，既酥又香，我就是喜歡啃鴨骨頭，雖然怎麼嚼都不可能吞下骨頭，卻越嚼越香，會嚼到骨頭散發出香酥的味道。上海菜的「鹹魚燒肉」，對小時的我而言口味太重，可是那塊肉還是吸引我寧可多吃幾口飯，也不願錯過。

我還記得這家店的老闆姓朱，民國五十五年才到空軍新生社承包餐廳，父親因喜歡來這裡品嚐上海菜，和老闆成為好朋友，但後來他搬去高雄便失了聯繫。

想不到八年前因緣際會我到高雄「祥鈺樓」用餐，感覺菜的味道和我小時候的記憶幾乎一模一樣，問了老闆朱金鴻，才發現他竟然就是當年空軍新生社餐廳老闆朱鰲度的兒子，而掌廚的林師傅是金門人，十多歲就到空軍新生社學藝至今，難怪口味絲毫沒變，那時我有空就會到高雄，只為了回味小時候我記憶中上海菜的滋味。

小小年紀身著正式服裝吃西餐。

獨鍾壽喜鍋

父親對飲食完全不設限，但我卻百思不得其解他為何就是無法接受我想吃的汕頭火鍋，而獨守著母親家傳統的壽喜鍋，他是真的很愛這道家傳美食，而我母親也只有這道菜做得最道地。

小時候的中秋節，我們家不僅吃月餅和柚子，還會依母親的劉家風俗，在中秋節這天要吃日本的壽喜鍋。在母親家族，壽喜鍋可是從日據時代就在家族裡生根，是飲食上的傳統，母親不會做的菜實在太多了，但唯一做得好的菜就只有壽喜鍋。做法就是在鍋子裡放進蔥段、洋蔥、肉片，加醬油及糖爆炒，然後將一鍋熬過柴魚和昆布的湯倒進去，放入高麗菜、嫩豆腐、魚丸，就是一鍋壽喜鍋，吃了這一鍋就準備迎接冬天的到來。

現在市面上仍有賣壽喜鍋，只是味道和我們家裡的截然不同，即使有時口味略有相同，我還是覺得和家裡有差異，外面的壽喜鍋吃得到濃濃的柴魚香，吃不到醬油香味，味道不鮮明，口感上也比較溫潤，和我熟悉的劉家家傳壽喜鍋少了好幾味，家裡吃的壽喜鍋，柴魚滋味清淡，並不鮮明，但是還有淡淡的醬油香，我曾用平常煮菜用的醬油試做，發現醬油味太濃，無法吞嚥。

小時候到游泳池戲水。

後來我才發現壽喜鍋用的醬油和平常用的醬油略有不同，千萬別將平常的醬油拿來爆炒豬肉再加高湯，我曾經好奇的試用平常的醬油，發現太鹹、味道太強，和我從小吃的壽喜鍋口味差太多。後來我到醬油廠挑選顏色較清澈，鹹度較低、醬油香味比較清雅的來做壽喜鍋，卻發現這種醬油只適合做沾醬、薑末涼拌豆腐，並不適合拿來當滷肉的醬汁，所以我家廚房總有三、四款不同的醬油，適當的用在不同的菜餚料理上。

我們家裡的做法會先在鍋裡加點油，再將蔥白、洋蔥爆香，加豬肉片下去爆炒，（那時豬肉片無法切得像現在這麼薄，想做壽喜鍋還得前兩天先要求豬販留意，取下梅花肉較嫩的位置切成薄片，紋路還不能切錯，否則會感覺怎麼吃都不對勁哦！）再加醬油、二砂糖拌炒後，才加入熬過的柴魚高湯，這個鍋子裡只加高麗菜和豆腐、魚丸，不會再加入其他東西。

高麗菜在煮軟吸飽醬汁後，會呈現半透明狀，吃起來味道甘甜，豆腐是這鍋湯的重頭戲，我不選板豆腐而挑嫩豆腐，只因為嫩豆腐的味道比板豆腐在做壽喜鍋時較對味，如用了板豆腐，在鍋裡面會覺得板豆腐看起來很粗魯，與整鍋的材料很不相融。到豆腐店買來嫩豆腐，會整塊泡在水裡，直到下鍋前才撈起。我原先也不知道為什麼豆腐要先泡在水裡，外婆卻一再叮嚀我，嫩豆腐買回來不先放在水裡，會失去它的嫩度，有泡過也比較不容易壞掉。

我在日本也看到店家會將豆腐泡在水裡，選購時店家也會在塑膠袋裡裝一些水，我從未認真思考過為何要這樣，但母親說她小時候家裡有個特製的豆腐桶，是用來買豆腐用的，家中的佣人會提著空桶到豆腐店，店家會將水倒在桶裡，再將豆腐放在水裡讓佣人提回家來。她說，那時候很多家庭都備有這種水桶，是專門買豆腐用的。

我家的味噌湯也和別人不同，湯內除了加味噌之外，會先用小魚乾加柴魚片熬汁，再將海魚骨川燙過，放進去一起熬，另外用個碗擺上適量的味噌，加砂糖和米酒，加水拌勻，嫩豆腐切成小塊備用，等魚骨熬出香味之後，倒進味噌調出味道，最後放入豆腐，滾一分鐘後就熄火，要吃時會加大量新鮮蔥粒，最後不加油條而是放日式一塊塊的米麩，平常我常看外婆和我父親拿米麩餵食錦鯉魚，所以我們小孩常稱這一塊塊的米麩是「魚餅」，認為是魚在吃的餅乾。

吃味噌湯講究的是現採的新鮮蔥，但不用珠蔥。我記得有一次三舅在煮味噌湯時，發現三舅媽買回來的蔥不夠新鮮，氣急敗壞的直嚷著，「蔥不夠新鮮，吃起來就沒脆汁，前一天摘的蔥，汁早就流失了，加在味噌湯裡是用來裝飾的嗎？」三舅媽急著又跑出去找蔥的慌張模樣，至今讓我印象深刻。

我曾將這件事拿出來和外婆討論怎麼樣才算懂得吃味噌湯，新鮮的蔥是不是真的那麼重要呢?外婆告訴我,倘若一碗味噌湯沒有鮮嫩的蔥粒,也沒有幼嫩的豆腐,不知道喝味噌湯要幹嘛。她看到外面很多人喝味噌湯,只知道加味噌,根本不講究火候、時間的控制,做出來的味噌湯只是味噌加熱開水,「別小看只是一小碗味噌湯,想喝也得用心的煮啊!」

我平常不愛吃蔥,但在吃壽喜鍋時它卻是我的最愛,印象中只要逢珠蔥生產季節,我家就會捨棄平常用的蔥,改用珠蔥做壽喜鍋,魚丸有半圓形(又稱為菱角丸)和整顆圓形的兩種款式,魚漿全用旗魚肉做成,只是外形上有所變化,也不知道為什麼,同樣的口味,只是外型不同,菱角魚丸總是比較受歡迎,有可能是家裡平常只買普通的圓形魚丸,但做壽喜鍋時就會買這種菱角魚丸,或許應該說大家都喜歡嚐鮮吧。

台灣早年幾乎只有在除夕夜,家裡的餐桌上才會擺個有煙囪的火鍋,桌下擺個小烘爐,將銅板圍繞著烘爐旁擺放,象徵全家圍爐,財源廣進,但吃火鍋卻沒有沾醬的習慣。小時候看阿祖房間有個朱紅色的爐,直徑約一尺,裡面有個網子,下面擺著燒著的煤炭,用來取暖,三舅家則有個寶藍色,直徑約一尺的亮面陶瓷爐,傍晚時就燒著炭火,放在客廳桌下讓大家取暖用,每次我會調皮的伸出冷冷小腳放在上面烘烤,都會被三舅阻止,怕我被燙傷,但只要我有這個舉動,三舅就知道我的腳冷了,會請舅媽幫我穿襪子。

但是我家卻沒有這種暖爐，這就有點奇怪，我家是坐北朝南的房子，冬暖夏涼，到天太冷的天氣，父親會將掛在落地窗外面的大塑膠帆布降下來遮住窗子，客廳裡面也拉上落地窗簾，如此就可避免冷空氣由縫隙吹入屋內，但這時客廳的光線也就不見了，白天也得開電燈，這群小孩卻認為父親將屋外的帆布拉下來的模樣像是在司令台上升降國旗一樣，覺得十分有趣。

自製果醬

父親和三舅可以算是我美食的啟蒙老師，記得八歲時，有一天父親買了一大簍桑椹回家，再帶我到水仙宮市場裡的一家五金行，挑了一個大鍋子回家，那時候海安路還沒拆除拓寬，水仙宮旁的馬路約只有四米寬，又有流動攤販，非常擁塞，但貨色齊全，很多台南人會到水仙宮市場買東西。

當時我一路擔心著，這個鍋子帶回家，母親一定很頭痛，因為這麼大的鍋子不知道要用來煮什麼，不過父親仍很得意的將大鍋子帶回家，隔壁阿婆看到了，說我父親買個煮粽子的大鍋子要做啥，因為端午節又還沒到？

回家後，父親要佣人什麼事先別做，趕緊幫忙將那簍桑椹洗乾淨瀝乾，原來父親是想親自下廚做桑椹果醬，母親不解，桑椹果醬在麵包店就有得買，何必大費周張自己做？她拒絕參與做果醬的行動，只有我自告奮勇當父親的小幫手。

吃過晚飯後，有人傳來好消息，告訴父親哪裡有上好的麥芽糖可買，父親急忙拉著我找到那間店家，買回他口中上好的麥芽糖，那天晚上我什麼也不懂，只站在父親旁邊，他要什麼東西，我就負責傳遞，父親拿把椅子讓我站在上面看他如何調製果醬，父女倆無比興奮，至今我都還記得那天父親開心的模樣。

平常父親話並不多，但是那晚他卻不斷講故事給我聽，手上拿著白天買的木棍在鍋裡面攪拌，我好奇的問父親做那麼大鍋桑椹果醬要吃到什麼時候，父親說可以分送很多朋友，他說，烹飪是種樂趣和藝術，在製作過程會得到快樂，就如三舅一樣，家裡不要他做菜，他卻喜歡拿著刀、鏟玩得開心，樂在其中，這些過程是種很難形容的快樂，做出來的成品與人分享時，又是另一種喜悅，看到別人吃得開心也會很開心。

在父親烹煮的過程中，我還跑到隔壁阿婆家告訴她父親正在做桑椹果醬，要她等著，那知阿婆竟然愁眉苦臉的告訴我，「妳送桑椹果醬來，我還不知道怎麼辦呢！」原來五十年前的台灣，果醬是很西式的東西，在那個時代，會買土司的人少，吃麵包的也不多，人們的飲食非常傳統，真的是送果醬還不知道怎麼吃。我那時竟天真的請阿婆別擔心，因為我常用湯匙挖果醬含在嘴裡品嚐，老是被母親罵，她認為果醬是夾土司用的，但父親既然都熬了這麼一大鍋果醬，待會兒我就送一碗公過來，妳們就可以和我一樣用湯匙挖起來含在嘴裡吃掉。

回家看到父親額頭冒著汗，不斷的翻攪鍋裡的果醬，他很開心自己做的果醬大功告成，要我召集全家人來嚐嚐，父親也早早請司機紀先生買好幾條土司回來等候，只是父親的果醬跟店家賣的不一樣，父親的果醬比較稀，還有顆粒，不像店家賣的果醬，塗在土司上就粘住了。我喜歡父親做的果醬，雖然稀了一點，塗抹在土司上還會流下一點汁液，但有香濃的桑椹味，甜中帶有一點像蜂蜜的香甜，不像外面的果醬那般平凡，這款果醬到現在我還難以忘懷，只是我一直還是懶得自己動手熬製果醬。

我記得那天父親做好果醬已經晚上九點多，一家人就以果醬抹土司當消夜，品嚐父親的手藝，父親得意的表情我很難忘懷。隔天早上母親和家中的紀先生、彭先生將果醬送給父親指定的朋友分享，最不可思議的是隔壁的阿婆竟然有創新的吃法。她將父親送來的果醬加在清粥裡面，攪拌後成為桑椹甜粥，還直誇味道很好，上門來多要一些；三舅更厲害，他去買土司、饅頭回家，將饅頭切成半公分的厚度，和土司各擺一盤，家中每個人面前一碟桑椹果醬，要大家自己嘗試抹土司或饅頭測試哪種口味好吃，最後還票選決定。我記得當初投的是饅頭一票，因為這是從沒有的嘗試，味道出奇美味，當年小小年紀的我已被父親啟蒙，明瞭做菜是種藝術並可從中得到很大的樂趣。

走到哪吃到哪

從小父親就喜歡將生活與美食結合，記得一次有重要的外國客戶來台灣，父親為了要表示誠意，帶著我們幾個小孩到台北接機，一路上父親就預告會經過鼎鼎有名的西螺大橋，而西螺大橋下可是有好吃的大西瓜，到時候會在西螺大橋下買顆西瓜一起品嚐；到彰化有家很有名的餐廳，我們將在餐廳用餐，他希望我們沿路都有所期待，不會覺得長途旅行無聊。

那時候南來北往只有省道，交通不似現在那麼方便，省道雖是雙線道，但有些路段卻還沒鋪柏油，石子路非常顛簸，坐在車後座常被顛到睡著，雖然如此，父親卻不准大家帶吃的東西上車，連水都不用帶，父親的理由很有趣，他說因為各地都有在地的飲料，沿路有什麼好喝的，就停下來喝，有好吃的就下車吃，因此每次坐車北上，隔一、兩個小時，父親就會受路邊商店的擺設或賣的東西吸引，要開車的紀先生停下來，大家一起吃東西或喝飲料。他不斷讓我們嘗試不同的口味和飲食，還會好奇詢問

在風景區合影，由父親掌鏡。

店家這東西怎麼做的，無形中也讓大家增長見聞。

我印象深刻的是行經在西螺大橋前的農田旁，瓜農將採收的大西瓜擺在田邊的牛車上販賣，父親看了趕緊要紀先生快點停車，全家下來挑西瓜、吃西瓜。印象中，當年在台南吃的西瓜並不甜，顏色紅中帶白，品質不算好，但父親在西螺挑好西瓜後，瓜農現場拿起刀子切開西瓜，只見瓜肉竟是如此紅潤，大家眼睛亮了起來，那也是我第一次吃到這麼甜的西瓜，那時才真正見識到西螺西瓜有名的原因。

而到了彰化父親介紹的外省餐廳，第一次吃到外省口味的菜餚，我發現和過去吃的台菜比起來口味較重，但很下飯，那天每個人都吃了兩碗白飯。上了車，父親不斷讚賞朋友介紹的這家餐廳，讓大家不虛此行。

我們沿途就是不斷的吃吃喝喝，吃飽後上車就睡一下，如此一路吃喝玩樂到達台北，不知不覺就過了一天。住進旅館之後，父親又帶我們去尋找美食，大多到西餐廳品嚐不同的美味，接到客戶後，父親還會帶大家去名勝古蹟玩，回家路上又是一陣吃吃喝喝，因此，我們這群孩子回到家已經筋疲力盡，洗完澡倒頭就睡。所以每次父親宣布要到台北接貴賓時，我們都興奮至極，因為又有一趟美食之旅了。不過母親卻寧願待在家裡，因為她認為家裡有四個小孩太吵了，只有父親帶著孩子外出，她才能享受難得的片刻安靜，機會千載難逢，她可要好好把握。

從小我就被鼓勵要勇敢做自己。

2 美食至上的三舅

我常懷念過去坐著計程車到三舅家，看到他站在門口迎接我，開心的為我做各式大菜，精心擺飾在各種美麗的餐盤端上桌，整個餐廳只有我一個客人，三舅身兼主廚、僕人、樂師，而我是他唯一的來賓，在他的鋼琴伴奏下品嚐著美味的情景。

外公喜歡味道比較濃的味噌，這種味噌的發酵時間比較長，顏色也比較深、稍微偏鹹，是屬於日本關西地區的口味，而三舅也像外公，特別喜歡這種口味的味噌，而大姨、大舅、二舅則是因為到日本東京受教育時間比較久，則是喜歡偏甘甜的關東味噌。

只愛道地關西味噌

我記得小時候，台南較少關西味噌，三舅常常要求製造味噌的老闆為他做一些關西味噌，可是老闆總是會一做就做出一大桶的味噌，三舅只好到處分送。

父親和三舅最合不來的地方就是味噌湯，父親喜歡台式味噌，淡淡的沒什麼味道，三舅常形容那簡直就是味噌水，但卻是父親的愛。

三舅則老是送來關西味噌，卻成為我父親的痛，因為家中只有以前常喝這種味噌的母親會喜歡，其他人都不能接受，我也覺得這種關西味噌湯太鹹，但三舅總是試圖要我接受這種款式的味噌。

三舅喝味噌湯極講究，絕對不用板豆腐，而堅持非得是嫩豆腐不可，而且越嫩越好。蔥也要新鮮，一定要蔥白多的，這時若能拿到三星蔥的品種，就是他的最愛，會在煮好味噌湯熄火的剎那，才將蔥擺進鍋裡，每次三舅媽煮味噌湯，三舅在旁邊下指導棋時，那種對食物口味的堅持，總是讓三舅媽直喊受不了，但每次看三舅喝味噌湯那種滿足快樂的神情，似乎又會忘了煮菜的辛苦。

愛美食卻不循常規

三舅是個美食嚐鮮者，而且妙的是他很喜歡跳脫傳統，嘗試創新。例如，我們吃土司夾果醬，他就偏偏要買外省伯伯賣的機器饅頭來切片夾果醬，他的理論是，土司可以夾果醬，饅頭為什麼不可以，何況味道真的不錯。

當年台南人將香腸熟肉當成點心，可是三舅卻在下午四點多就差我和表哥拿著盤子到阿霞的攤位去買香腸熟肉，回來後只見三舅得意的將它擺放著，笑著說，這可是今天晚餐中的一道菜，你們現在去買，大家以為是要拿來當點心，絕對想不到這是晚餐。

三舅還有個最大的祕密，就是他受不了當年家中沒有廚師的日子，因為當他想吃東西時，卻沒有廚師幫忙做，他會花一整天卻只為了做一道菜，可是又很不喜歡外界嘲笑他堂堂大男人卻當煮飯婆。

所以，當我小學五年級吵著要做菜時，他很以我為榮，因為我也是那種吃不到好東西，就乾脆自己動手做的人，而且我更不在乎別人的眼光，我就是愛做菜，不像他和父親兩人愛做菜卻又很怕別人知道。

我九歲那年，三舅跟我父親說要開始為我進補，他說希望我老了之後，體力會比別人好，所以將鱉燉補、紅燒，要我大量攝取鱉的膠質，我就曾經一星期吃了六、七隻鱉。後來父親也加入他的行列，用枸杞燉鮑魚，希望我吃了之後眼睛是明亮的，那段時間父親和三舅兩人好似在比賽，看誰讓我吃補吃得多，那一年我吃得很辛苦。

化身五星級大廚

在我二十歲時，發現我的三舅真的是為美食著魔了，他會買來好多名貴的大餐盤，廚房有專屬架子來擺設這些餐盤，沒事就到處收集各種漂亮的餐盤，餐盤種類之多，像是要開餐廳。

三舅也常常一通電話吆喝，就要我坐計程車到他家，那時我表哥、表姊都已出國，常常只有他獨自在家。計程車到他家時，他早就站在門口等我。一進入屋內，三舅馬上搖身一變成為大主廚，而這家「餐廳」的貴賓只有我一人，尊榮獨享。

三舅要我坐下來，自己像廚師般上演上菜秀，端出一盤盤的菜，接著他又會搖身一變成為「樂師」，彈奏著鋼琴，而我就慢慢品嚐美食，邊欣賞美妙的音樂，三舅還會和我分享哪個盤子適合擺哪種菜，要怎麼擺盤才會漂亮，有時還要我評比菜的名次。

我和三舅感情深厚，若是不能留下來過夜，必須坐計程車回家，一上車我往回看時，總會看到他不停的盯著車子，直到看不到才放心進門。我的飲食概念受三舅影響最多，他很贊成我從小「不好吃就緊閉著嘴不吃」的個性，寧可肚子餓也只要喝水，母親和阿姨們一致認為我過於挑食，是壞習慣，只有三舅會說我夠聰明，不好吃就寧可不吃，很有原則，以後有潛力。

我外公這輩子娶了三位太太，第一任太太生了大舅、二舅和四位阿姨之後，因病過世，因為那時四姨還很小，所以才會請燕官阿嬤來當奶媽，而為了照顧年幼的孩子，外公才又娶了我的親外婆，我三舅是她的第一個兒子，由於阿祖對我外婆這位媳婦極為疼愛，對三舅就特別寵愛有加，然而我親外婆在我母親七歲時就過世了，而大舅、二舅在年幼時就被送到日本讀書，因此阿祖一直將我三舅視為長孫般疼愛。

也就因為家中視三舅為長孫，讓他產生一種責任感，必須遵守家中的傳統——從小習武，劉家在武舉人之後，有一套獨家的武術，家族各房的長子都必須學武術，三舅曾在我小時候，教我懂得借力使力的原理，並教我如何將全身力量集中在手指，甚至用手指將冰箱結凍的霜擊斷，他告訴我，這套用手指頭擊斷冰霜的功夫，可不是每個女孩子都會的。但是這種功夫對幼小的我而言，是困難的事，於是三舅就要我站在餐桌前，將手指頭頂著桌腳，慢慢體會力量自指尖散出的感覺，三舅教我什麼都別學，只要學會這套功夫就好，我到最後總算有點心得，不過三舅說，學會這種功夫就好，但希望不要有派上用場的機會。

三舅的鋼琴造詣很高，在他十多歲時曾有機會到法國進修鋼琴，卻因阿祖怕他和大舅、二舅一樣一去不回，不捨掉下眼淚，於是孝順的三舅打消主意，放棄出國深造的機會。

芭蕾舞衣可是三舅媽親手縫上亮片。

我的美食啟蒙老師

小時候，父親每有國外賓客來訪時，我總扮演著接機獻花的角色，所穿的衣服雖然華麗，布料的質感卻讓我很不舒服，視這些華服為畏途，而三舅總是樂觀的說：「沒關係，我有法寶！」他要司機帶我到他家，請三舅媽幫我打扮，原來三舅的法寶就是痱子粉，三舅媽將我全身鋪抹上一層痱子粉，還邊說有了痱子粉的保護，妳就不會不舒服了。

這時三舅會在一旁不斷讚美我像個小公主，又講很多笑話給我聽，記得每次三舅媽幫我抹痱子粉時，總會因為三舅的笑話，讓她憋著不敢笑出來的那副表情，我知道因為不想穿質感不舒服的華麗衣服去接機，三舅便是用這個方法來改變我的心情。

接機對小孩子來說很無聊，因為主人、來賓不斷的致詞，我呆坐在場邊不知要做啥，而三舅總會告訴我，空閒，就讓妳的腦袋瓜去旅行呀，也可以猜想隨後的酒會有哪些點心，是不是妳想要吃的呢？別忘了妳的食量小，要怎麼樣挑到美食，而且還要把那些好吃的食物名字都記下來，回來要和他分享才可以，而且還要我學習要怎麼形容，才能讓大家都聽得懂。

這些都是三舅的傳授與提點，讓我表現得很得體，又能藉機品嚐美食還學會講

小時候的生活真的很多采多姿。

述美食，我想這些就是三舅給我的訓練，讓我的美食功力自小累積。他總是告訴我：「每個國家的人，都有不同的飲食文化，你要用心去觀察，也要學會點菜，然後吃到好的，一定要第一個告訴我。」

我曾經在酒會上吃到港式茶點，那個年代，港式茶點在台灣很難吃到，我回來之後馬上和三舅分享，讓他們覺得港式點心似乎很好吃，三舅還因此特地帶家人和我到台北玩，並專程去吃港式茶點，讓表哥、表姊吃得很開心。表姊還告訴我，千萬不要討厭接機，若沒有妳的接機迎賓，我們哪有機會品嚐美食，所以明新表哥常告訴我，妳去接機，吃到好東西，要記得在哪裡吃到的，這樣大家就可以又來個美食之旅。

三舅對美食的執著，就像是我的啟蒙老師般，他知道我喜歡吃綠豆加地瓜熬成的甜湯，可是家裡佣人總是煮過頭，有些豆子煮過頭變成綠豆沙，地瓜放的時間也不對，不是太生就是太爛。

有一次三舅告訴父親，民生路有一家早餐店，煮得一鍋上好的綠豆地瓜湯，和一鍋濃稠的紅豆湯，可讓客人自由選擇，他認為父親只要載我到那裡，就不怕我不吃早餐了，而我真的足足吃了半年那家的綠豆湯。

那個攤上很有趣，我常看到客人來了，會點一份油條和一碗紅豆湯或綠豆湯，然後就不斷用油條攪拌紅豆湯，讓油條吸飽了湯汁再入口，我發現這個攤子上的顧客都是一些上了年紀的老人，連父親都不是他的顧客層，當年只有六歲的我，想當然爾，我是那個攤位最年輕的顧客。

我愛吃綠豆湯，每次上了攤子，都會很好奇注意這些老人的習慣動作和吃法，老闆卻怕我被這些老人嚇著了，會催我快點吃，而我總是好奇為什麼老闆的攤子前面的竹架子裡，要堆滿高高的油條，只見這些老人一來攤子，就會先叫碗紅豆湯或綠豆湯，然後隨手拿根油條就坐下來吃。我也注意到，他們通常不會一次只吃一根油條，有時還會接連吃了二、三根油條，我想他們的食量還頗驚人呢。

不嫌麻煩，自製金錢肉

我印象中三舅對美食的執著，有可能是一般人無法理解的，他最喜歡自己做「金錢肉」，他常說早年家中有廚師，餐桌上常見金錢肉這道大菜，但後來沒有廚師，想品嚐好吃的金錢肉還真不容易，所以他就自己跑去買個小烘爐和一個鐵架擺放家裡，每當三舅想自己做金錢肉時，就會一大早跑到菜市場，挑一塊略帶油脂的梅花肉，而不是里肌肉。

他會要肉販將梅花肉切成一塊塊二十公分長、十公分寬的肉片，並請肉販用刀背將肉筋打斷並拍打，讓肉鬆軟起來，回家後用醬油和糖醃過，醃泡好的肉片中間放一條切成長條形且沒醃過的肥肉，再放一條肥胖的蔥，捲成一長條，三舅說，肥肉絕對不能醃，肥肉和瘦肉不同，肥肉不易吸收調味料，醃過之後反而變成怪味。

這些肉準備好之後，他就開始生火，這時用來起火的木炭也得講究，三舅說，木炭不能選廉價品，而要選好的木頭做的木炭，如此燒出來的木炭才有香味，便宜的木炭不用還好，用了還會出現一股不好聞的煙燻味，再好的醬料都會被燻不見了，好的木炭點燃後還不能烤，得先把木炭攤開讓火苗變小，才將鐵架擺上，再將金錢肉擺在上面開始烤。

這時，三舅總是會拿兩張木板凳，我們舅甥倆就坐在那裡看著金錢肉燻烤著，兩人邊聊天，邊為肉翻面，以免火太直接燒烤而使肉汁流失，由於金錢肉裡面有塊肥肉，在加熱之後會釋放出油脂，加上包在外面的肉也會有油脂流出，會將整塊肉變得油亮亮，因為烤的火不大，選的是粗胖的蔥，所以整個蔥不會失去水分，每次烤好之後，再切成四公分長一截一截的，吃起來感覺肉很滑嫩又很入味，蔥在鮮嫩中帶有香脆的感覺，我很怕吃肥肉，但這時候卻完全不會感覺有肥肉存在，只有肉的滋潤香滑感。

每做這道金錢肉，舅舅還會差舅媽將白蘿蔔切成薄片，加一點鹽搓揉，等白蘿蔔遇到鹽變軟之後，才將白蘿蔔生出的水倒掉，再加一點砂糖和工研醋醃揉浸漬，等到金錢肉上桌，每個人餐桌前都有一小碟醃好的白蘿蔔讓我們配著吃。

三舅說，任何食物要講究搭配性，缺一不可，因為白蘿蔔的清爽，可以調整味蕾，讓口裡清爽、休息，再享受下一口金錢肉時，才會產生段落分明的感覺。

對細節十分講究

這就是我的三舅，對美食很講究，連搭配、各方面也都要無可挑剔才行。

三舅對搭配菜色的盤子十分講究，每做一道菜之前會先選盤子，不像我總是做完菜再找盤子，我和三舅之間的區別在於我只是愛做菜，三舅則將做菜這件事當成藝術在看待，他會先在腦海中將菜色築構好，並選好盤子，才開始買菜。可是我總是看做出來的菜份量多少才去選盤子，這應該是我和三舅之間唯一不同的地方。

三舅每次選到好盤子就會和父親分享，可是我感覺父親對盤子的興趣缺缺，父親曾告訴我有時會受不了三舅的推薦，因為家中根本擺不了那麼多盤子，可是三舅不只盤子、甕、皿講究，也不是固定的菜色擺在固定的盤子裡，而是依季節選擇不同的盤子擺設，在三舅身上我學到做菜不只是飲食文化，也是一種要求完美的飲食藝術。

我覺得三舅對我是一種移愛作用，他是在遵循家族的要求下生長，不能有個人想法，所以他總是鼓勵我要勇敢做自己，不要管外界的眼光，做任何事只要自己無悔就好。

年長後的我真的就慢慢地能體會到，三舅一生的無奈和辛苦，他根本不能做自己想做的事，任何事都要考慮家族的立場，我曾經聽過父親和三舅討論我的事，父親認為三舅太疼我，長大之後一定會吃盡苦頭，我看到三舅表情痛苦的告訴父親，「會想辦法活得很老，來照顧和保護她，希望她能自由自在的成長。」

在三舅過世後，我的生活起了變化，以前只要我疲累不堪，遇事不知所措時，三舅總是在我還沒開口，就知道我發生什麼事，會告訴我假設我在海邊，這些人的聲音就是海浪聲，該如何轉換心情，把現場環境做一番改變，讓我走出慌亂。在我二十多歲時，三舅病逝了，得年六十，我的生活變得好孤獨，也失去了保護傘。

我常懷念過去坐著計程車到三舅家，看到他站在門口迎接我，開心的為我做各式大菜，精心擺飾在各種美麗的餐盤端上桌，整個餐廳只有我一個客人，三舅身兼主廚、僕人、樂師，而我是他唯一的來賓，在他的鋼琴伴奏下品嚐著美味餐點的情景……

紅豆湯、綠豆湯——台南獨創早餐

以現在人的眼光來看，很難理解台南人為什麼用紅豆湯或綠豆湯當早餐，殊不知台灣除了生產稻米，有些並不適合種稻的農田，就種植少數紅豆、綠豆等雜糧，這些豆子在當年很廉價，備料上也便宜，現在人對台南人的印象是早餐吃牛肉湯，但可能忽略了這些雜糧甚至粉圓，也曾經是台南人的早餐，而且老台南吃紅豆湯還會配根油條，用油條沾紅豆湯才對味，現在的新台南人或年輕人對這段文化可能不了解，所以紅豆湯店應該是不會配油條。

3

汕頭沙茶火鍋

我在台南市的「沙卡里巴」，吃到人生第一頓的汕頭沙茶火鍋，那也是我第一次嚐到「沙茶醬」，火鍋中間加木炭，有個矮小的煙囪的鍋子，鍋裡放高湯，高湯裡加了扁魚，旁邊的盤子上擺著高麗菜、豆腐、魚丸、魚板、肉片等等。而這個汕頭沙茶火鍋還有段有趣的小故事……

小時候我每天上學途中都會經過一家小餐廳，這家餐廳過了中秋節就會在外擺出一個木製看板，上面寫著大大的「汕頭沙茶火鍋」，因為我每天經過，一年又一年，我心裡想著不知沙茶火鍋到底是什麼東西，母親被我問煩了，總是敷衍的回我沒吃過也沒興趣，我特別跑去找了最愛美食的三舅，沒想到他竟然說：「我只愛我的壽喜鍋，管它是什麼沙茶火鍋。沒興趣。」

可是我們這一家人不是都很融合嗎？很愛美食嗎？怎麼都沒有人想去嘗試一下這從來沒吃過的沙茶火鍋呢？爸媽為了喝外省

伯伯的豆漿，而不想喝門口賣的台式豆漿，又不好意思讓門口賣豆漿的小販發現，所以常叫我從後門溜出去向外省伯伯買豆漿，他們說，可別看同樣是賣豆漿，外省伯伯做的豆漿就是比台灣人做的要香濃許多；家中長輩最喜歡陽春麵，他們說陽春麵只是加入一小匙簡單的肉臊，就能創造出清香淡雅的美味，怎不教人喜愛呢？而住在基隆的六姨還為了吃煎包，曾拉著我走了近半小時路程，就為了外省伯伯做的煎包。

朝思暮想的「汕頭沙茶火鍋」

沒想到這次我好奇許久的「汕頭沙茶火鍋」，竟然找不到志同道合的人，這不太合理啊，而且我發現年齡大的人，對汕頭火鍋就越沒興趣，這樣更勾起我對汕頭火鍋的莫名嚮往。我每天朝思暮想，卻連汕頭火鍋店的外貌、湯頭，甚至鍋內要放什麼，都一無所知，而我身邊所有能問的人，也沒有一個人吃過，我甚至已打聽到汕頭火鍋必沾沙茶醬，而大家卻連沙茶醬是什麼也都沒搞清楚，口味更甭提了，二哥還笑我說怎麼會想要吃用沙子和茶拌在一起的東西呢？

更糟糕的是，我請司機帶我到市場，也遍尋不到「沙茶醬」，我記得我一到市場逢人就問有沒有在賣沙茶醬？結果大家都認為我講的是外星物品，還問我是想買紅糟嗎？

那時候在市場上買紅糟就是比較稀奇的，而五十年前沒有什麼人聽過「沙茶醬」這詞。

只為一嘗美食夢

直到小學五年級，機會終於來了。原來母親的高中同學家裡是做塑膠書套的，自己生產的自然拿來與我們分享，在那個沒有書套的年代裡，學生怕書本外皮損壞，母親就會用過期的月曆紙包裹著書本，再用釘書機釘好。

這位阿姨說塑膠書套本錢才四毛錢，但文具行卻賣兩塊錢，那時候我每天的零用錢是一塊錢，有些同學每天才五毛錢，而一個書套要賣兩元，生活環境不好的家庭哪買得起？

這時我心中潛在的「玲格公司」又一下蹦出來了，趕快私下問阿姨：「倘若我向妳買可以只賣我四毛錢嗎？可以轉賣別人嗎？」阿姨看我神祕兮兮的，逗得她很開心，她說：「沒問題，倘若妳的銷售量大，我還幫妳送貨。」隔天我到學校，馬上利用下課時間到各班自我介紹，還拿書套給大家看，說明一個只要賣八毛錢，但一次要買二十個才行，有需要的可登記名字，我再來收款。

我的書套一件只賣八毛錢的原因，是因為一個書套八毛錢大家都買得起，也都有書套可用，不必再去買昂貴的兩元書套，我也有四毛錢可賺，為什麼規定買二十個，只因為這樣收錢是整數，比較好算，而且每人要買二十個的關係，他們一定會找堂兄弟姊妹揪團一起買吧，這時我的書套生意就可以跨足到別校去。

剛開始「做生意」時，每節下課我就跑各班教室自我介紹，拿書套給大家看，那時我讀的學校是新興學校，一個學年就有二十幾班，一班有六十多個學生，剛開始前幾天，每堂下課時間，我都要到各班級宣傳，過了三天之後，每逢下課時間，就有很多認識和不認識的同學都到教室找我登記，我不斷的算錢，再收到我的小袋子裡。

那段時間我在全校認識很多新朋友，有幾次更誇張的是有不認識的學生家長親自跑來向我訂貨，而且一次買的數量多到爆，連我們班級的導師都疑惑的問我出了什麼事，為什麼很多別班級、別年級的同學都來找我？連別班的家長會也跑來找？我向老師訴苦，說我每天看著汕頭沙茶火鍋店，卻沒機會吃到，想要藉由賣書套賺來的錢去吃汕頭火鍋，雖然老師認為依我家的環境，只要向父母提就好了，不必如此辛苦攢錢，但我已花了一、二年時間向父母暗示、明示，大家都裝傻不理我，也不帶我去吃，因此我才會賣力賣書套，想一圓吃汕頭沙茶火鍋的大夢。

那時每一堂下課我都不能跑出去玩，忙著登記、收錢、算錢，下課還得跑到阿姨家批貨，隔天一邊送貨給不認識的同學，一邊收新訂單，終於生意大到必須阿姨差工人送貨到學校並幫我分發給同學，完成工作之後，我一算賺了九百多元，那時代一班有六十個人，一個年級有十八班，我六個年級全跑完，生意做得大得不得了。

可惜「玲格書套店」做得響噹噹，麻煩事也跟著來，文具店的老闆賺不到錢，四處打聽出是誰在擋他們財路，紛紛跑到家裡來向父親告狀，父親爆跳如雷的指責我不該做攏斷市場的事，因為這是很惡劣的商業行為，害得其他文具店都無法生存，他不懂為什麼我那麼想要賺錢，我告訴父親：「大家每年都辛苦的將月曆保存起來當書套用，包起來的書本外表比較難看，文具店的書套雖然漂亮，一個卻要賣兩元，很多小孩買不起，我賣八角大家都買得起，我又有錢賺，不知道錯在哪裡？」

我也將想賺錢吃汕頭沙茶火鍋的心願娓娓道來，而且一人份汕頭沙茶火鍋要四十元，我不可能自己一人去吃，但如果要全家人一起去吃，又要花多少錢，所以必須很努力賺錢。

不過父親仍認為我做的不對，不顧別人生計，害文具店老闆批了一堆貨賣不出去，生意一落千丈，而且小小年紀，只為了想吃火鍋就跑去賺錢，實不足取，父親不僅沒收我賺的九百多元，還告誡大家不准帶我去吃那家汕頭沙茶火鍋，但時至今日，我還是對自己做錯的事覺得委屈。

為了小小的「汕頭沙茶火鍋夢」而去學校賣書套的往事一直放在我的心中，但我還是無緣見識到沙茶火鍋的魅力。

得嘗夙願

一直到了高中二年級，父親商界朋友的一位太太聽到我年幼時闖的那一場禍，好意的趁父親出國時，帶我去台南市的「沙卡里巴」吃到我人生第一頓的汕頭沙茶火鍋，那也是我第一次見到沙茶醬。我這才發現這種沙茶火鍋是用個裡面加木炭，有個矮小的煙囪的鍋子，鍋裡放些高湯，高湯裡加了扁魚，旁邊的盤子上擺著高麗菜、豆腐、魚丸、魚板、肉片等等，吃的時候要先涮食物，熟了再夾起來，沾著沙茶醬吃，這種吃法和我家的壽喜鍋，將所有東西煮在一起的方式完全不同，非常特別。

時至今日，這種火鍋已到處可見，但只要是我感覺沒有動力或太疲倦時，我還是會跑去吃一頓汕頭沙茶火鍋，感受年幼時那種衷心渴望的奇妙滋味。

有一次父親出國時又剛好遇到寒流來了，我們這群小孩玩瘋了，忘了將他的心愛的金剛鸚鵡拿到屋內，讓牠在屋外被活活凍死，我們卻未見他生氣，而我年幼只是賣個書套，父親竟然氣得連我賣書套賺的錢全部沒收，我不知道他評斷標準為何，直到今日，我還是有點在意。

父親一向強調「包容」在生活中的重要性，他對我們這群小孩也極盡包容，就有如他在家中四樓的空中花園蓋了一個一米高的大水池，養著他心愛的錦鯉魚，夏天我們一群小孩看錦鯉魚在水裡游得快樂，也紛紛跳下池中玩水，大家卯足了力驚嚇錦鯉魚，心中想著只要錦鯉魚一隻隻相繼死掉，我們在夏天就有水池可泡水消暑了，父親明明知道是我們這群小孩子使壞，仍佯裝沒事。

父親還有個水晶瓶，裡面裝著他心愛的白蘭地酒，每天晚上都會倒些酒到高腳杯裡啜飲，逍遙的模樣讓人羨慕。有次父親出國，我們家四個小孩竟然搞怪的將水晶瓶裡的白蘭地酒倒掉，改裝紅茶，表面上看來顏色和白蘭地酒差不多，然後孩子們學著父親從水晶瓶倒紅茶到高腳杯喝著，一份陶醉逍遙的模樣，大家都玩瘋了。父親出國的那段時間，每天晚上，一群穿著睡衣的小孩就跑到客廳玩著拿高腳杯啜飲紅茶的遊戲，日久也忘了將白蘭地酒換回來，直到有一天父親回國，晚上習慣的想倒杯白蘭地品嚐，發現味道怪怪的，揭穿孩子們的把戲，大家嚇得要死，父親卻只是將我們四個孩子叫來，警告不要再玩他的酒瓶，這時我發現父親原來是很仁慈的。

但為何唯獨對我因為想吃沙茶火鍋而跑去賣書套這件事而大發雷霆，還真是令我十分不解。

童年的我何其幸運，除了各式玩具，還擁有長輩們給的豐盈的愛。

找瓶蓋換麥芽糖

記得小時候外面做回收的阿伯，都會牽著腳踏車，手上搖著用鐵罐做成，搖動時會發出「嘓！嘓！」聲音的鈴鐺，一路走一路發出這種很多小孩子熟悉的聲音，這時大家會互相走告「回收的阿伯來了」，然後拿出平常收集的酒瓶或醬油瓶蓋及鐵罐，阿伯就會用一雙看起來髒髒的手拿著一根竹籤，從一個鐵罐裡捲起一小糰麥芽糖給我們當酬勞，雖然只是小小一糰麥芽糖，卻因含在嘴裡可以久久不化，吃上好長一段時間，那種口慾的滿足感，讓我們兄妹總是卯足力在家裡翻箱倒櫃的找出鐵罐或瓶蓋，只求換到一小糰麥芽糖來吃。

由於我們這群小孩為了找瓶蓋，還會不擇手段的央求佣人不斷開米酒，將瓶蓋給我們，搞得每一罐米酒在失去瓶蓋的保護後，酒香很快就揮發掉，後來父親終於知道家裡的米酒沒酒香的原因，也認為那位阿伯的手太髒了不衛生，說乾脆買回一大罐麥芽糖回來，要我們將手洗乾淨後用筷子挖出一糰糰來吃，說也奇怪，這一大罐麥芽糖在我們這群小孩吃過兩次後就失去興趣，還是覺得回收阿伯的麥芽糖比較好吃，現在回想很可能吃這玩意兒時只是圖個氣氛，也物以稀為貴，然而一整桶讓我們自由取用的麥芽糖，竟然害我們這群孩子對麥芽糖失去興趣，只能說父親太不懂我們小孩的心。

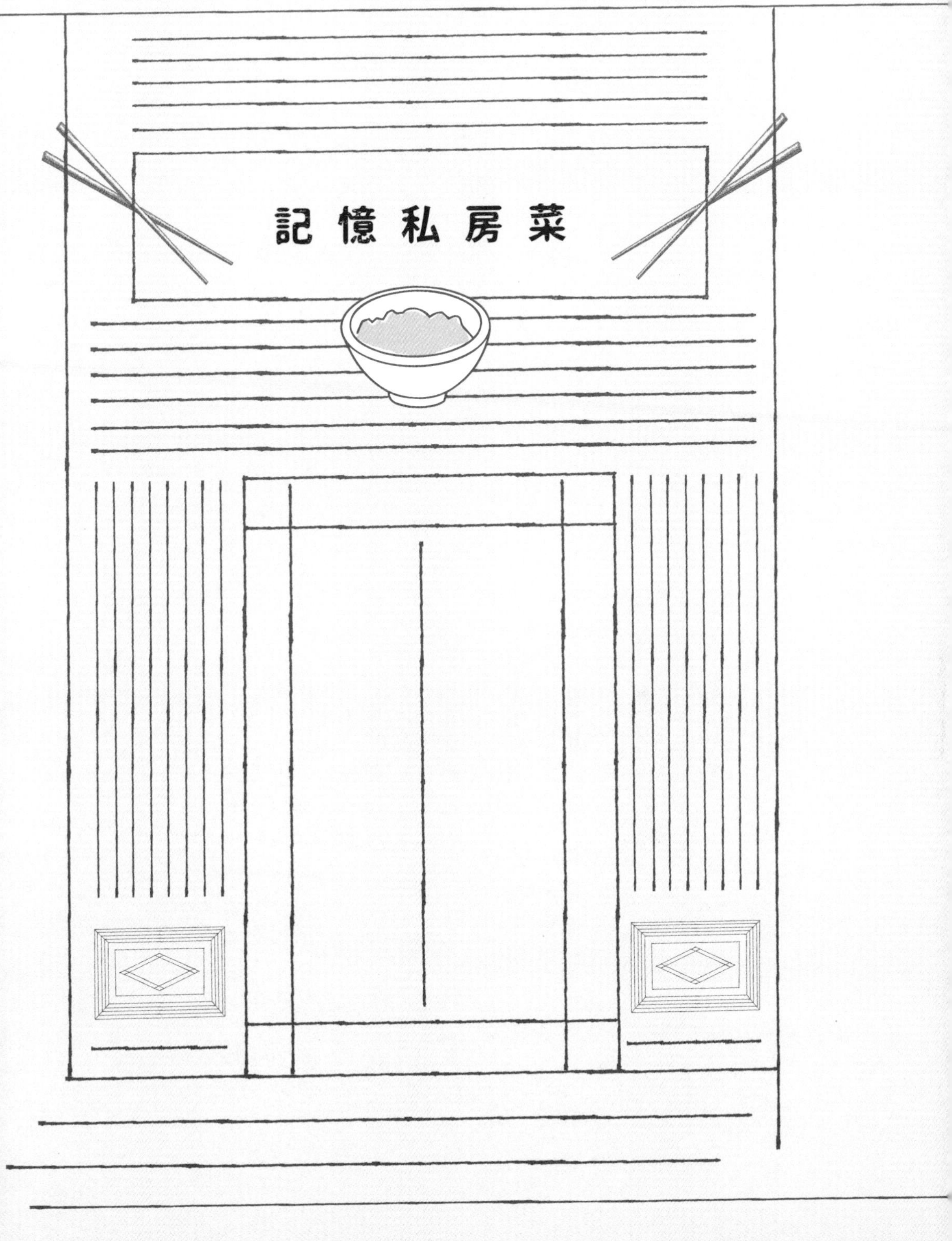
記憶私房菜

記憶私房菜

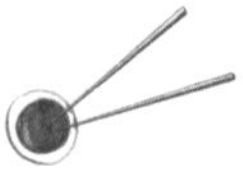

1 炒什錦

2 酸菜魚肚

3 味噌魚

4 味噌雞腿

5 香煎腐皮

6 酥炸田雞

7 蓮子凍

8 蔭瓜苦瓜鱸魚湯

9 鮮八寶粥

10 花枝意麵

1 炒什錦

（三人份）

材　料｜香菇2朵　榨菜3片　筍絲1兩　紅蘿蔔1兩　豆皮1片　黑木耳1朵　金針菇少許　芹菜兩枝　豆芽菜（去頭尾）少許

1 先將香菇略微爆炒。
2 將材料所列的順序依序翻炒。
3 加入些許麻油、醬油、胡椒粉拌炒即可。

備註：必須耐心地將香菇爆香，菜色的味道就會特別好。

2 酸菜魚肚

材　料｜魚肚1份　蒜頭1大把　酸菜1/2個　辣椒少許

調味料｜鹽、糖、醬油、香油、米酒

1 先將酸菜浸泡，去除多餘鹹味。
2 將魚肚加少許米酒用熱水燙煮，再清洗乾淨、切塊。
3 油鍋中加入少許油，爆炒切碎的蒜頭。
4 待蒜頭爆香之後，加入魚肚、酸菜絲以及少許水。
5 接著加點糖、醬油及些許鹽，悶煮入味。
6 起鍋前，淋上些許香油即可。

早年台灣沿海地區擁有豐富魚獲，卻很難吃到豬肉，為此先民想到用炒過的魚肚，取代平時難以嚐到的豬肉，吃起來口感非常像豬肉肉質，魚肚與豬肉的連結在此產生巧妙的變化，這道菜口味清爽，真是夏天配飯下酒的好菜，這菜色簡單，一定要親手嘗試，體驗先民智慧。

3 味噌魚

材 料｜旗魚1塊（約350公克重）　味噌80公克　米酒1大匙　白糖半大匙　水1大匙

1 味噌加酒、白糖、水拌勻。
2 將旗魚用紙擦乾，再將調好的味噌均勻抹上，放置於冰箱中醃約一天。
3 取出醃過味噌的旗魚，將表面的味噌抹去。
4 再放入烤箱內烘烤，溫度約180度，約烤25分鐘即可食用。

4 味噌雞腿

材 料｜雞腿1隻（約450公克重）　味噌80公克　米酒1大匙　白糖半大匙　水1大匙

1 將味噌加入酒、白糖、水拌勻。
2 再將拌勻的味噌均勻的塗抹在雞腿上，並放進冰箱醃製一天。
3 取出醃製好的雞腿，抹去表面的味噌，再放入烤箱中，溫度約220度，烤約35分鐘即可。

5 香煎腐層

材料｜嫩豆腐5塊　豆皮2大張（需對剪）　海苔2大張（需對剪）　酥脆粉 半碗

水 酌量　香油少許　鹽1大匙

1 先將豆腐放入大盆內，用手捏碎。

2 接著撒些鹽、香油拌勻。

3 於平盤上塗抹些許油後，將豆皮鋪上，再取些豆腐泥，鋪約0.3公分厚。

4 接著再放上一張海苔，再鋪上約0.3公分厚的豆腐泥。

5 同樣動作再重複兩次。

6 完成後，將鋪好的豆腐層放進蒸籠蒸過，使之定型。

7 定型以後再取出，並且放置待涼。

8 接著用酥脆粉，加水調成粉漿，而後將蒸好的豆腐層均勻沾漿後，再下油鍋炸。

9 將炸酥的腐層瀝油、切塊，即可擺盤食用。

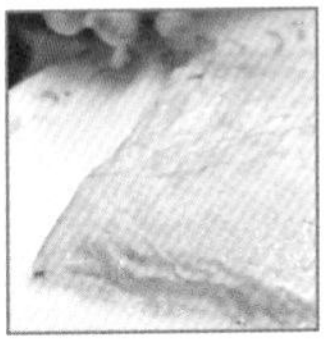
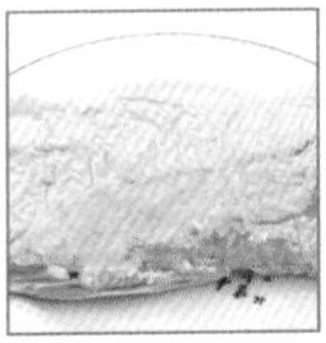
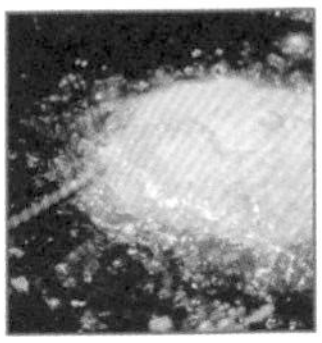

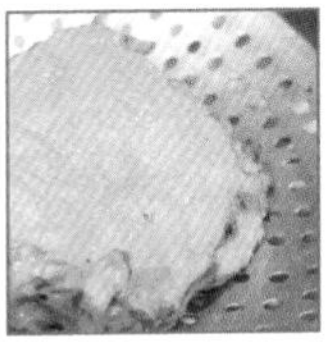

6 酥炸田雞

材 料｜田雞4隻　蒜頭3顆
醬油1.5大匙　地瓜粉酌量

1 將田雞洗淨切塊。

2 再將蒜頭拍碎。

3 在碗內放入田雞、蒜頭、醬油，抓揉一下，靜放約10分鐘。

4 醃過的田雞沾裹地瓜粉下油鍋炸。

5 瀝乾油後即可食用。

備註：油炸田雞時，請勿炸過老，以免肉質變硬。

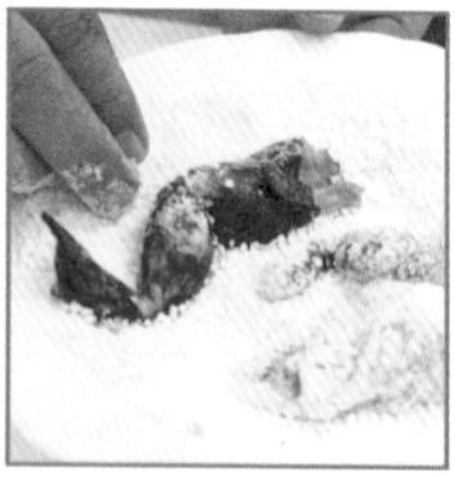

7 蓮子凍

材料｜蜜蓮子100公克　燕條1/2包　白糖30公克
水（第一次）4碗　水（第二次）4碗

1 將1/2包的燕條剪成兩份。
2 其中的一份加入4碗水及白糖熬煮。
3 煮到燕條溶化，倒進大碗內待其凝固。
4 等凝固後，鋪上一層蓮蓉。
5 再將剩下的燕條加入4碗水，以及白糖熬煮至溶化。
6 再倒入先前已凝結的燕條蓮蓉碗內（注意：先將已凝固的部分沿邊緣輕輕劃開，再倒入第二次溶好的燕條漿）。
7 待第二次的燕條漿也凝固後，待涼冰過，即可切塊食用。

8 蔭瓜苦瓜鱸魚湯

材料｜鱸魚1條（約1斤2兩重）　苦瓜1條
蔭瓜醬1罐　米酒少許

1 苦瓜去籽切塊，放進鍋中加水煮開。
2 待苦瓜略煮至九分熟後，放進一罐蔭瓜及鱸魚，繼續煮至熟為止。
3 最後淋上少許米酒即可上桌。

9 鮮八寶粥

材　料｜米1.5杯　絞肉5兩　海帶1小條（約6兩）　魩仔魚6兩　魚片半斤　豬肝3兩　菠菜6枝　蝦仁5兩　蚵仔5兩　雞高湯

調味料｜鹽少許

1 首先將米洗淨，用少許雞油拌炒絞肉、米。

2 加入雞高湯開始煮成粥。

3 待粥快好時，加入魩仔魚、海參，再續煮。

4 待粥完全煮好時，放入魚片、蝦仁、豬肝、蚵仔。

5 起鍋前，再將切碎的菠菜與之拌勻即可。

備註：因為海鮮類會產生鮮、鹹味，因此鹽不要加太多。

10 花枝意麵

材　料｜花枝1隻　洋蔥1/4顆　蔥1枝　蒜頭數粒　辣椒數片　意麵2份（可斟酌加減）

調味料｜熱高湯、糖、醬油、醋

1 在鍋中加水悶燒意麵，待快熟時，加入少許米酒。

2 接著用筷子攪拌使其平均受熱，並蓋上蓋子熄火悶煮。

3 另外用大火將鍋子燒熱，加入油以及切好的花枝、洋蔥、蒜頭、辣椒同時放入，並大火快炒。

4 將準備好的熱調醬淋入勾芡即可。

府城世家尋味之旅：記憶中的家族食記

黃婉玲 著 -- 二版. -- 臺北市：健行文化出版：九歌發行, 民104.12
面； 公分. --（Alive愛生活；19）
ISBN 978-986-91923-9-2（平裝） 1. 飲食風俗 2. 臺南市
538.7833 104024329

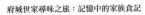

ALIVE 愛生活 19

府城世家尋味之旅

增訂新版

記憶中的家族食記

作者｜黃婉玲
攝影｜林偉民
責任編輯｜曾敏英
發行人｜蔡澤蘋
出版｜健行文化出版事業有限公司
台北市105八德路3段12巷57弄40號
電話｜02-25776564・傳真｜02-25789205
郵政劃撥｜0112263-4
九歌文學網｜www.chiuko.com.tw
印刷｜前進彩藝有限公司
法律顧問｜龍躍天律師・蕭雄淋律師・董安丹律師
發行｜九歌出版社有限公司
台北市105八德路3段12巷57弄40號
電話｜02-25776564・傳真｜02-25789205
二版2015（民國104）年12月
定價｜360元
書號｜0207019
ISBN｜978-986-91923-9-2
（缺頁、破損或裝訂錯誤，請寄回本公司更換）

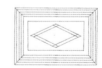

Printed in Taiwan